我国线上纠纷解决机制（ODR）研究

韩烜尧/著

中国民主法制出版社

图书在版编目（CIP）数据

我国线上纠纷解决机制（ODR）研究/韩烜尧著.—北京：中国民主法制出版社，2023.3

ISBN 978-7-5162-3052-7

Ⅰ.①我… Ⅱ.①韩… Ⅲ.①互联网络—应用—民事纠纷—处理—研究—中国 Ⅳ.①D925.104-39

中国国家版本馆 CIP 数据核字（2023）第 002934 号

图书出品人：刘海涛
责 任 编 辑：庞贺鑫 许泽荣

书名/我国线上纠纷解决机制（ODR）研究
作者/韩烜尧 著

出版·发行/中国民主法制出版社
地址/北京市丰台区右安门外玉林里 7 号（100069）
电话/（010）63055259（总编室） 63058068 63057714（营销中心）
传真/（010）63055259
http：// www. npcpub. com
E-mail：mzfz@ npcpub. com
经销/新华书店
开本/32 开 880 毫米 × 1230 毫米
印张/6 **字数**/115 千字
版本/2023 年 9 月第 1 版 2023 年 9 月第 1 次印刷
印刷/三河市宏图印务有限公司

书号/ISBN 978-7-5162-3052-7
定价/36.00 元

序

在数字经济时代，线上纠纷解决机制的横空出世和迅猛发展，成为中国数字法治新图景新格局中的一道亮丽风景线。据统计，我国电子商务交易额从2015年的21.8万亿元增至2021年的42.3万亿元，全国网上零售额2021年达到13.1万亿元，我国已连续多年成为全球规模最大的网络零售市场。国家网信办发布的《数字中国发展报告（2021年）》显示，2017—2021年我国数字经济规模从27.2万亿元增至45.5万亿元，占国内生产总值比重从32.9%提升至39.8%，总量稳居世界第二。一方面，数字经济的快速发展，带来了网络交易纠纷的快速增长，产生了对线上纠纷解决机制的强大需求。受新冠肺炎疫情影响，也推动大量线下纠纷涌向线上纠纷解决机制。另一方面，中国政府部门、司法机构、企业组织等各方主体及时回应社会需求，加快创建和完善各具特色的线上纠纷解决机制，形成了在规模、技术、质量上居于全球前列甚至领先地位的线上纠纷解决体系。例如，2021年全国法院在线立案1143.9万件，在线开庭127.5万场，在线调解纠纷1084万件。

正是在这样的时代背景下，韩烜尧博士以“我国线上纠纷解决机制（ODR）研究”作为其博士论文选题，开展对线上纠纷解决机制的系统研究，无疑具有重大的理论和现实意义。这篇博士论文具有以下四个鲜明特点：一是前沿性强。尽管前些年就有一些著作和论文探讨线上纠纷解决机制问题，但相对于近年来日新月异的发展实践，这一领域仍然是一个有待深耕细作的前沿性学术荒原。该文全面分析了我国线上纠纷解决机制从跟跑到并跑再到某些方面领跑的弯道超车的发展进程，显示了作者较强的前沿性、前瞻性学术把握能力。二是系统性强。该文从概念界定、历史演进、应用场景、体系架构、正当性原理、功能优势、时代意涵、发展局限、完善进路等维度立体化地分析阐释线上纠纷解决机制问题，提供了一幅较为清晰而准确的中国式线上纠纷解决机制全景图。三是本土性强。该文从“枫桥经验”、诉源治理等本土概念和经验出发审视线上纠纷解决机制的时代价值和功能优势，富有说服力地揭示了线上纠纷解决机制在数字法治时代的强大生命力和显著优越性。四是创新性强。该文将传统的线上纠纷解决机制扩展扩容为集民间类、司法类、政务类线上纠纷解决机制的多元共治和协同共进型的数字治理格局，将线上纠纷解决机制从定分止争的解纷机制上升并构建为具有“线上纠纷线上解决”和“以网治网”解纷逻辑的网络空间治理体系，将线上纠纷解决机制打造为互联网时代“网上枫桥经验”新名片等观点，具有较强的启发性、创新性。

在韩烜尧博士的博士学位论文即将付梓之际，作为他的博士论文指导教师，我仅以此短序表示祝贺！同时，也祝愿韩烜尧博士在今后的求学治学之路上，产出更多高水平的法学研究成果，为新时代中国法学的繁荣发展作出新贡献！

是为序。

黄文艺

2022年8月

中文摘要

线上纠纷解决机制（ODR）是依托互联网技术实现定分止争的新型解纷机制。ODR 在发展之初是将非诉讼纠纷解决机制（ADR）与信息通信技术（ICT）相结合，以实现线下纠纷线上化解和线上纠纷线上化解的 Online ADR 模式。随着互联网技术的高速发展与广泛应用，涉及互联网内容的矛盾纠纷与日俱增，希望通过互联网技术化解涉网纠纷的现实需求也在不断增加。互联网技术的精进开拓了 ODR 在新领域和新模式上的创新与发展。我国 ODR 突破了传统 Online ADR 的非诉解纷范畴，实现了司法诉讼的线上化审判模式创新，以及政府机关的数字化政务服务建设。我国 ODR 实现了从 Online ADR 一元模式到“司法 ODR 与非司法 ODR”的二元模式突破，进一步发展形成了集“民间 ODR、司法 ODR、政务 ODR”的三元模式架构，稳步建成了具有“线上纠纷线上解决”的网络空间治理体系。

在互联网技术腾飞的 20 年间，我国 ODR 的飞速发展与广泛应用真正克服了国内互联网发展相对较晚的现实因素。通过技术研判与实践创新，我国 ODR 不仅在司法系统内部建成了互联网法院的世界性格局创新，而且实现了在全球 ODR 发展水平上的弯道超车，见证了我国 ODR 从落后发展到引领世界的六个重要发展阶段，即第一阶段：线下 ADR 向线上 ADR 的模式转变；第二阶段：电商平台内 ODR 实现平台自治；第三阶段：ODR 初入我国智慧法院建设；第四阶段：我国互联网法院的全球首创到两年三立；第五阶段：网络空间治理体系的 ODR 联动机制；第六阶段：新冠肺炎疫情激发 ODR 成为疫情期间的唯一解纷途径。

在我国 ODR 的体系架构中，民间 ODR、司法 ODR 和政务 ODR 不仅可以分别体现各自的线上化解纷价值，还可以有序形成多元共治和协同共进的数字化治理格局。民间 ODR 既传承了我国儒家传统的无讼解纷思想，又融汇了前沿领域的互联网信息技术，充分将传统思想与现代技术相结合，创新智造出具有诉源治理属性的互联网解纷新模式。民间 ODR 通过融合非诉解纷理念能够实现形式多元、信息互通、对抗性弱的私力救济；民间 ODR 通过倡导诉前分流机制可以实现缓解诉讼压力、降低诉讼延迟、优化司法资源配置；民间 ODR 通过发挥定分止争作用，真正实现了社会整体的非诉福祉建设。司法 ODR 在包含了司法诉讼的权威审判的同时，又融合了大数据、人工智能、区块链等新兴技术的科技支撑。通过细化司法 ODR 全流程在线同步（或异步）审理涉网纠纷的诉讼形式，强化 ODR 在网络空间治理格局中的公力救济范畴，有效实现了短周期、高质效、高满意度的司法 ODR 审判模式创新，真正推动了 ODR 在公力救济中的模式创新与质效提升，为我国网络用户开辟了一条通向数字正义的科技道路。政务 ODR 以服务人民为核心准则，通过开通数字政府的信息化建设，为百姓提供清朗的网络空间环境和“一站式”的政务服务平台。

政务 ODR 打通了人民与政府的空间距离，让社情民意可以通过线上的方式直达政府部门实现实时的进度查询，让民生服务可以通过线上的方式便利百姓，真正实现了为百姓搭建更加便民利民惠民的数字政务服务体系，也为群众发声提供了全新的线上路径。在新冠肺炎疫情防控之际，我国 ODR 的三元模式架构有效打破了传统线下解纷模式停滞待工的局限性，充分发挥互联网信息技术的绝对优势，不仅重新启动了新冠肺炎疫情期间被迫停工的线下解纷、司法诉讼以及政务服务的现实解纷困境，而且高效展现了 ODR 定分止争的应用规模和解纷质效，也为推进 ODR 实现数字正义的全新路径披荆斩棘，使 ODR 真正成为疫情期间的唯一解纷机制（Only Dispute Resolution，简称 ODR）。

通过使用 PESTEL 分析模型，从政治、经济、社会、技术、环境、法律六个维度的视角分析我国宏观环境对 ODR 发展的影响。政治视角下，国家出台的产业发展政策为我国 ODR 的发展指明前路，数字政府建设实现数字化治理从而推动了我国 ODR 的创新实践；经济视角下，数字经济模式的创新发展同步需要数字化的维权模式助力同行，ODR 通过压缩维权成本以提供更加便民利民惠民的解纷服务；社会视角下，ODR 不仅可以有效化解网络空间中的矛盾纠纷，而且为线下矛盾纠纷提供便捷的解纷途径，实现分流诉讼压力的辅助作用，加大我国 ODR 建设可以为社会提供部分就业机会，从而缓解我国当前社会发展面临的就业压力难题；技术视角下，借助大数据分析技术剖析我国 ODR 的适用规模和路径趋势、借助区块链存证技术辅助ODR甄别电子数据证据去伪存真，有针对性地优化和补强ODR的技术短板和存证体系；环境视角下，绿色发展理念贯穿我国ODR运行机理，无纸化办公模式积极响应“两山理论”，成本低周期短质效强的ODR民生福祉为国家节能降碳减排作出巨大贡献；法律视角下，随着推进全面依法治国的法治化建设，我国ODR将同步实现更加科学的规范化与制度化建设，以我国ODR多维度的适用模式充分展现其网络空间源头治理的多层次治理意涵。

通过使用ODR化解权利冲突实现定分止争，不仅外在具有现代化的治理体系构架和高效解纷能力，而且内在蕴藏着我国“网上枫桥经验”式的诉源治理内涵。面对互联网时代的新型权利冲突，以及频频迸发的新型涉网矛盾纠纷，ODR始终通过树立“线上纠纷线上解决”和“以网治网”的解纷逻辑，加快在网络空间中构建“政务ODR预防为先、民间ODR优位挺前、司法ODR裁判终局”的ODR治理体系。通过强化政务ODR与民间ODR的诉源治理功能，进一步实现涉网纠纷化解在小、在早、在网，推动ODR成为互联网时代的“网上枫桥经验”，使其成为推进国家治理体系和治理能力现代化的新鲜血液和新生力量，间接打造共建共治共享的网络空间“三共”治理格局，形成自治、法治、德治、智治的“四治融合”式互联网治理体系，培养并实现人民群众优先选用ODR化解矛盾纠纷的思维范式转换。

基于当前我国网络空间中的规制暂不完善，使得我国ODR的理论创新与实践导向被赋予了更加厚重的使命感与责任感。虽然我国 ODR 已经在解纷模式上实现了世界领先，但是 ODR 在实践应用层面依旧存在亟待完善的现实困境。例如，人民群众尚缺少对 ODR 的认知与信任、民间 ODR 的解纷结果不具有强制约束力、政府舆情部门缺乏对 ODR 的重视程度和应用技巧、国家层面尚缺乏 ODR 的立法保障、网民在使用 ODR 过程中涉及的隐私数据保护制度、ODR 执业人员的管理规范制度等。为了加快提升 ODR 在我国的实践范畴和治理质效，建议加大我国 ODR 的新媒体宣传推广工作、建立民间 ODR 的司法确认制度、强化舆情监测的前端治理优位能效和回应能力、通过国家立法确认其正当地位、健全对网民数据的隐私保护机制、规范 ODR 人才队伍的职业操守和制度建设。通过逐步完善我国 ODR 的内容建设和机制建设，加快推广 ODR 成为互联网时代的优位解纷机制，稳步推进 ODR 成为我国互联网治理体系中的新鲜血液，逐步推动 ODR 成为数字治理中的现代化“试验田”，使其成为助推国家治理体系与治理能力现代化的应有之义。

关键词：线上纠纷解决机制（ODR）；网络空间治理；“网上枫桥经验”；数字治理；权利救济

Abstract

Online dispute resolution (ODR) is a new dispute resolution mechanism based on Internet technology. At the beginning, ODR combines alternative dispute resolution (ADR) with information and communication technology (ICT) to realize the Online ADR mode of offline dispute resolution and online dispute resolution. With the rapid development and wide application of Internet technology, the contradictions and disputes involving Internet content are increasing day by day. The realistic demand for resolving net - related disputes through Internet technology is also increasing. The advancement of Internet technology has opened the innovation and development of ODR in new fields and new models. China's ODR has broken through the scope traditional Online ADR, realized the innovation of Online trial mode of judicial proceedings, and the construction of digital government services for government agencies. China's ODR has achieved a breakthrough from the unitary Online ADR mode to the dual mode of "judicial ODR and non-judicial ODR", further developed and formed a ternary mode architecture of "civil ODR, judicial ODR and government ODR", and steadily built a cyberspace governance system with "online dispute online solve".

During the 20 years when Internet technology took off, the rapid development and wide application of ODR in China overcame the reality factor of relatively late development of Internet in China. Through technical judgment and practical innovation, China's ODR not only built the worldwide pattern innovation of Internet court in the judicial system, but also realized the curve overtaking in the globally level of ODR, which witnessed six important development stages of China's ODR from backward development to leading the world. The first stage: offline ADR to online ADR model changes, the second stage: electric business platform in the ODR implementation platform of autonomy, the third stage: the ODR fledglings smart court construction in China, the fourth stage: building three Internet courts in China in two years, the fifth stage: cyberspace governance system of the ODR linkage mechanism, the sixth stage: the ODR has become the only dispute resolution mechanism during the COVID-19 pandemic.

In China's ODR architecture, civil ODR, judicial ODR and government ODR can not only reflect their value of online dispute resolution respectively, but also form a digital governancepattern of multiple co-governance and cooperation in an orderly manner. The civil ODR not only inherits the traditional thought of non-litigation dispute resolution in China's Confucianism, but also integrates the cutting-edge Internet information technology. It fully combines the traditional thought with modern technology and innovates and creates a new mode of Internet dispute resolution with the property of litigation source governance. By integrating the concept of non-litigation and dispute resolution, the civil ODR can realize the private relief with diversified forms, information exchange and weak antagonism. Civil ODR can alleviate litigation pressure, reduce litigation delay, and optimize judicial resource allocation by advocating pre-litigation diversion mechanism. By playing the role of settling disputes, the civil ODR realizes the construction of the whole society's non-lawsuit welfare. Judicial ODR not only contains the authoritative judgment of judicial proceedings, but also integrates the scientific and technological support of emerging technologies such as big data, artificial intelligence, and block chain. Through detailed judicial ODR whole process synchronous or asynchronous online trial involved disputes litigation form, strengthen the ODR public aid force in the structure of network space management category, effectively realized the short cycle, high efficiency, high degree of satisfaction of judicial ODR trial mode innovation, really driving the ODR patterns in innovation and quality in public aid force effect. It opens a scientific and technological road to digital justice for Chinese Internet users. Government ODR takes serving the people as the core criterion and provides clear cyberspace environment and one-stop government affairs service platform for the people through opening the information construction of digital government. Government ODR created the space distance of the people and government, public opinion can direct government departments by means of online real-time schedule query, let the people's livelihood service can facilitate the people by means of online, truly realized to build more for the people the convenience and benefit the people of digital government affairs service system, and as the voice of the masses provides a brand-new online path. In the context of COVID-19 prevention and control, China's Three-way model of ODR has effectively broken the limitations of the traditional offline dispute resolution mode and given full play to the absolute advantages of Internet information technology. It has not only restarted the practical dilemma of offline dispute resolution, judicial litigation, and government services, which were forced to stop during the COVID-19 outbreak. Moreover, the application scale and quality efficiency of ODR in settling disputes are efficiently demonstrated, and the brand-new path of digital justice is pushed forward by ODR, making ODR truly become the only dispute resolution mechanism during the epidemic.

By using PESTEL analysis model, the influence of China's macro environment onthe development of ODR is analyzed from the perspectives of Political, Economic, Social, Technological, Environmental, and Legal. From the political perspective, the industrial development policy issued by the country points out the way forward for the development of China's ODR. The construction of digital government realizes digital governance and promotes the innovative practice of China's ODR. From the economic perspective, the simultaneous innovation and development of digital economic mode needs digital rights protection mode. ODR provides more convenient and beneficial service by reducing the cost of rights protection. From the social perspective, ODR can not only effectively resolve conflicts and disputes in the network space, but also provide convenient solutions for offline conflicts and disputes to realize the auxiliary role of diverting litigation pressure. Increasing the construction of ODR can provide part of employment opportunities for the society, so as to alleviate the employment pressure problem faced by the current social development in China. From the technological perspective, the applicable scale and path trend of China's ODR are analyzed with the support of big data analysis technology, and the electronic data evidence is removed from the false and preserved with the help of blockchain storage technology. The technical shortcomings and the storage system of ODR are optimized and strengthened. From the environmental perspective, the concept of green development runs through the operation mechanism of China's ODR. The paperless office mode actively responds to the "Two Mountains Theory". The welfare of the ODR with low cost, short cycle and strong quality and efficiency has made great contributions to the national energy saving, carbon reduction and emission reduction. From the legal perspective, China's ODR will realize more scientific standardization and institutionalization construction simultaneously with the promotion of the comprehensive rule of legal construction, and fully display the multi-level governance meaning of the source governance of cyberspace with the multi-dimensional applicable mode of China's ODR.

Using ODR to resolve rights conflicts and settle disputes, it not only has the external structure of modern governance system and the ability to effectively resolve disputes, but also contains the connotation ofChina's "Fengqiao experience" source governance. In the face of a new type of rights conflict, the age of the Internet, and frequent outbursts of new internet disputes, the ODR by establishing "online dispute online solve" and "network governance network" logic of dispute resolution, speed up the building in cyberspace "government ODR prevention first, civil ODR optimal choice, judicial ODR final decision" ODR governance system. By strengthening the litigation-source governance function of government ODR and civil ODR, further realize the resolution of net-related disputes in small, early, and online, promote the ODR to become the "Online Fengqiao experience" in the Internet era, and make it become the fresh blood and new force to promote the modernization of national governance system and governance capacity. Indirectly build a cyberspace governance pattern of joint construction, joint governance and sharing, form an Internet governance system of autonomy, rule by law, rule by virtue and wisdom, and cultivate and realize the thinking paradigm shift of giving priority to ODR to resolve conflicts and disputes.

Due to the current imperfect regulation in China's network space, the theoretical innovation and practicalorientation of China's ODR are endowed with a more profound sense of mission and responsibility. Although China's ODR has achieved the world's leading position in the dispute resolution mode, there are still practical difficulties to be improved in the practical application of ODR in China. The people are still lack of the cognition and trust of the ODR, the results do not have mandatory binding of the civil ODR. The government public opinion department need to enhance the importance and application of the ODR techniques. The legislative system of the national level also lack the ODR legislation, involved in the process of Internet users in the use of the ODR data privacy protection system, and the ODR practitioners conduct system construction, etc. In order to accelerate the improvement of the practice scope and governance quality and efficiency of ODR in China, it is suggested to strengthen the new media publicity and promotion of ODR in China, establish the judicial confirmation system of civil ODR, strengthen the front-end management efficiency and response capacity of public opinion monitoring, confirm its legitimate status through national legislation, improve the privacy protection mechanism of Internet users' data, and standardize the professional ethics and system construction of ODR talent team. By gradually consummates our country the ODR content construction and mechanism construction, speed up the promotion the ODR become the primacy of the Internet era, remedy mechanism steadily pushes forward the ODR become fresh blood in the Chinese Internet governance system, gradually promote the ODR into digital governance in modern laboratories, making it a booster governance system and management ability of modernization.

KeyWords: Online dispute resolution; Cyberspace governance; Online Fengqiao experience; Digital governance; Right relief

缩略语表

缩略	英文全称	中文全称
ADR	Alternative Dispute Resolution	非诉讼纠纷解决机制
B2B	Business to Business	企业对企业
B2C	Business to Customer	企业对消费者
C2C	Customer to Customer	消费者对消费者
ICT	Information and Communication Technology	信息与通信技术
IT	Internet Technology	互联网技术
ODR	Online Dispute Resolution	线上纠纷解决机制

目录

绪　论

一、选题的背景和意义

（一）选题的背景

随着我国网络信息技术的蓬勃发展与“互联网+”理念的创新驱动，数字科技正在加快推进传统的线下产业服务和人民生活方式向虚拟的线上网络空间扩展扩容，将竭力打造网络空间中的数字社会成为现实。如今，信息化为中华民族带来了千载难逢的机遇，[①] 数字生活已经成为人们现实生活的重要组成部分，社交网络、移动办公、线上经济、智慧生活等早已成为百姓触手可及的日常“必需品”。然而，数字科技是把“双刃剑”，当百姓在享受和依赖互联网、大数据、云计算、人工智能等新兴技术所带来的智能生活（Smart Life）的积极成果的同时，更要警惕与防范因互联网技术（Internet Technology，简称 IT）而产生的新型权利冲突的消极影响。[②] 数字科技正在

---

① 习近平：《自主创新推进网络强国建设》，新华网，http：//www. xinhuanet. com//politics/2018－04/21/c_ 1122719810. htm，访问日期：2018 年 4 月 21 日。

② 张文显：《无数字　不人权》，《北京日报》2019 年 9 月 2 日，第 15 版。

快速抹平网上世界与网下世界的空间界限，个人与组织之间打破了物理空间的局限，相互紧密联结在互联网中。[①] “网上世界已经深深嵌入网下世界，正在改变网下世界的资源配置、游戏规则、运行法则、权力格局”[②]，倘若处在 21 世纪互联网时代的今天，切断了 IT 在众多领域的科技支撑，真实世界的运行效率与发展轨迹或将不堪设想。尽管我国数字社会的发展与进步在无形之中给广大网民频频制造出了大量的新型的涉及互联网内容的权利冲突，但也为健全与完善我国多元化纠纷解决机制中的线上纠纷解决机制（Online Dispute Resolution，以下简称 ODR）提供了难能可贵的发展机遇，与此同时，ODR 的探索与实践更为我国数字治理（Digital Governance）的未来发展开辟出了一条通往“数字正义”（Digital Justice）的全新路径。

权利的冲突会随着人类的发展足迹如影随形，即使是移步到无形虚拟的互联网环境也如出一辙。自 20 世纪末互联网进入中国开始，涉及互联网内容的新型纠纷逐渐显现在人民的日常生活当中。从罕见的网络域名权属纠纷、网络著作权纠纷到繁杂的网络购物合同纠纷、网络产品责任纠纷、网络服务合同纠纷，再到转型后的网络知识产权侵权纠纷、网络金融借贷款合同纠纷、网络侵害他人人身权和财产权等民事权益纠纷、网络行政管理纠纷以及网络公益诉讼等涉网纠纷接踵而至。国家

---

① ［荷］简·梵·迪克：《网络社会——新媒体的社会层面》，蔡静译，清华大学出版社 2014 年版，第 38 页。

② 黄文艺：《新时代中国马克思主义法理学的前景展望》，《哈尔滨工业大学学报（社会科学版）》2020 年第 2 期。

计算机网络应急技术处理协调中心（英文简称CNCERT）监测发现，2020年我国境内被篡改网站数为243709个，其中含被篡改政府网站1030个；CNCERT接收到网络安全事件报告103109件；全国各级网络举报部门共受理举报16319.2万件。[①] 自2013年起，我国已连续八年成为全球最大的网络零售市场，电商产业中仅阿里巴巴一年就要处理超过400万起互联网交易纠纷；[②] 中国司法大数据研究院发布的《网络购物合同纠纷案件特点和趋势（2017.1—2020.6）》司法大数据专题报告显示，2017年1月1日至2020年6月30日，全国各级人民法院一审新收网络购物合同纠纷案件共计4.9万件；[③] 北京互联网法院建院三年间共受理案件102585件。[④] 可想而知，网民在享受互联网技术带来的科技体验和技术成果的同时，国家与社会更要直面与其协同并进的技术挑战和权利冲突。因此，网络空间的法律规制以及涉网纠纷的解纷机制理应成为我国网络空间治理体系和治理能力现代化的核心内容，也是稳步破解我国"治理赤字"[⑤] 的必由之路。

我国庞大的网民基数和繁杂的涉网纠纷迫切需要加快完善

---

① 《第47次〈中国互联网络发展状况统计报告〉》，中国网信网，http://www.cac.gov.cn/2021-02/03/c_1613923423079314.htm，访问日期：2021年6月8日。

② 付彪：《互联网法院让"打官司不再繁琐"》，载《人民法院报》2020年8月24日，第2版。

③ 潘旭涛：《最高法发布近三年网购纠纷大数据报告 网购遇纠纷咋维权?》，载《人民日报（海外版）》2020年12月4日，第8版。

④ 赵岩：《案件量逐年攀升 侵权类纠纷绝对多数》，载《人民法院报》2021年6月6日，第4版。

⑤ 张文显：《构建智能社会的法律秩序》，《东方法学》2020年第5期。

公正法治、高效便捷的网络空间治理模式，使其成为保障我国“数字社会”和谐稳定发展的长效机制。中国互联网络信息中心（CNNIC）发布的第47次《中国互联网络发展状况统计报告》数据显示：截至2020年12月，我国互联网普及率已达到70.4%，网民规模高达9.89亿，占全球网民的五分之一左右；我国手机网民规模为9.86亿，网民使用手机上网的比例高达99.7%；农村网民规模为3.09亿，占网民整体的31.3%，城镇网民规模为6.80亿，占网民整体的68.7%。[①] 如此庞大的网民基数与繁杂的用户行为交织在一起，时刻都在严峻考验着我国网络空间中的内容建设和制度建设。然而，互联网技术和手机等移动终端设备的发展与普及真正为接入互联网环境中的网民搭建了属于公共资源共享的网络空间，突破了线下社会的物理空间局限，实现了通过科学技术缩小城乡居民之间的资源差距和“数字鸿沟”的跨时代难题。现如今，“我国互联网和信息化工作取得了显著发展成就，网络走入千家万户，网民数量世界第一，我国已成为网络大国”[②]。我国庞大的网民规模已远超绝大多数国家的实际人口数量，这意味着党和国家要在不断满足我国14亿人民群众对美好生活的需要的同时，更要竭力为近10亿中国网民打造安全清朗的网络空间。通过网上网下的同心圆发展模式，同步推进线上社会与线下社会的信息

① 《第47次〈中国互联网络发展状况统计报告〉》，中国网信网，http：//www. cac. gov. cn/2021 -02/03/c_ 1613923423079314. htm，访问日期：2021年6月8日。

② 《习近平关于互联网的20句论断》，中国网信网，http：//www. cac. gov. cn/2018 -05/11/c_ 1122794429. htm，访问日期：2021年6月8日。

化、现代化、法治化建设，从而真切回应广大人民在当前互联网时代的权利保障和法治需求。

党和国家的方针政策有序引导我国 ODR 加快构建系统完备的互联网治理格局。从党的十八届三中全会提出“推进国家治理体系和治理能力现代化”和“创新社会治理体制”① 到《最高人民法院关于人民法院进一步深化多元化纠纷解决机制改革的意见》中强调要“加强‘一站式’纠纷解决平台建设”“创新在线纠纷解决方式”“推动多元化纠纷解决机制的国际化发展”，② 再到党的十九大报告提出的“要加强互联网内容建设，建立网络综合治理体系，营造清朗的网络空间”“打造共建共治共享的社会治理格局”。③ 我国 ODR 的创新与完善始终围绕党和国家的方针政策为发展导向，通过充分发挥信息技术在多元化纠纷解决机制中的科技支撑，有效实现了涉网纠纷化解在网络空间内部的源头治理。从最初仅具有非诉解纷功能的中立第三方 ODR 平台发展到各电商平台内部自主搭建的具有平台自治解纷功能的民间 ODR；再到由司法机关进行信息化与数字化转型而建成的智能化司法辅助系统，以及能够实现

① 《中国共产党第十八届中央委员会第三次全体会议公报》，共产党员网，http：//news. 12371. cn/2013/11/12/ARTI1384256994216543. shtml，访问日期：2018 年 8 月 23 日。

② 《最高人民法院关于人民法院进一步深化多元化纠纷解决机制改革的意见》，中国法院网，https：//www. chinacourt. org/law/detail/2016/06/id/148740. shtml，访问日期：2018 年 8 月 28 日。

③ 习近平：《决胜全面建成小康社会　夺取新时代中国特色社会主义伟大胜利——在中国共产党第十九次全国代表大会上的报告》，共产党员网，http：//www. 12371. cn/2017/10/27/ARTI1509103656574313. shtml，访问日期：2018 年 3 月 27 日。

全流程在线审判功能的“在线法院”和“互联网法院”的司法 ODR；再随着我国全力推进数字政府建设而形成的“网上信访”和“舆情监测”等政务 ODR。我国 ODR 的发展历程真正从技术、理论、实践三个层面有效实现了诉讼与非诉讼的线上化审判流程和解纷模式创新，真切回应了人民群众在互联网时代的智能化维权需求，密切顺应了新时代国家治理体系和治理能力现代化的发展纲要。由此可见，我国 ODR 的发展进路早已突破了传统 ODR 单一非诉领域的线上化解纷模式，通过拓展扩容司法机关的数字正义路径和政府单位的数字政务服务，逐步将 ODR 打造成具有现代化多元共治属性的数字化治理格局，从而使其成为满足人民日益增长的多元解纷需求的新基准，以及衡量互联网治理体系和治理水平的新标杆。

（二）选题的意义

1. 学术理论意义

线上纠纷解决机制（ODR）是基于互联网时代中频频迸发的涉及互联网内容的权利冲突而新生的解纷机制。ODR 在社会实践中的应用规模与发展速度远超学术理论对其价值内涵的深度剖析与系统研究。因此，基于 ODR 在我国社会实践中的创新发展情况，同步推进我国 ODR 的学术理论研究对当代 ODR 的科学研究和理论发展具有时代使命和创新价值。

第一，有助于厘清 ODR 的概念意涵。ODR 最初是基于信息与通信技术（Information and Communication Technology，以下简称 ICT）对非诉讼纠纷解决机制（Alternative Dispute Resolution，以下简称 ADR）提供技术支持进而实现定分止争的新型解纷机制。但随着信息与通信技术的迭代发展和广泛应用，ODR 突破了传统民间 ADR 的局限范畴，实现了在司法系统内部和数字政务服务中的创新实践。ODR 作为互联网时代的新兴产物，其概念内涵应当随着科技的创新与拓展而与时俱进，不断通过科学发展的眼光来广义其概念意涵，进一步实现从线上 ADR 到线上多元化纠纷解决机制的理论创新。

第二，有助于搭建 ODR 的体系架构。ODR 发展初期仅局限在 ADR 的解纷范畴内，传统的适用范畴相对单一。现代化与数字化的科技创新发展推动了 ODR 在民间解纷、司法系统和政务服务中的创新应用实践，逐步建成了以民间 ODR、司法 ODR、政务 ODR 为核心体系架构的中国 ODR 治理体系。在实践创新的基础上，更要同步加快对我国 ODR 体系架构的模型界定和可持续发展的理论创新研究，在稳步推动中国 ODR 走向世界舞台中央的进程中，牢牢掌握 ODR 实践创新和理论创新的主动权和话语权。

第三，有助于提升 ODR 的数字治理价值。当 ODR 被认为是线上化 ADR 的单一表现形式时，其仅能体现最为表层的解纷价值。倘若以更宏观的视角来审视我国 ODR 的发展进路，将会清晰发现 ODR 的探索与实践正在逐步建成“以网治网”和“网上纠纷网上化解”的网络空间治理体系以及“指间解纷”和“线上纠纷不下线”的互联网源头解纷新思维。ODR 试图将线上环境与线下环境相区分处理，在避免线上纠纷流入线下社会增加线下解纷压力的同时，以多元、高效、便捷的现代化解纷渠道实现“网上纠纷网上化解”的网络空间源头治理理念，从而展现其更为深层的数字治理价值。

2. 社会实践意义

进入互联网时代以后，涉及互联网内容的权利冲突层出不穷，通过传统线下解纷模式来解决数量庞大的涉网纠纷可谓杯水车薪。因此，依托互联网 ICT 实现“网上纠纷网上化解”的 ODR 将会成为社会治理的前沿热点和定分止争的未来趋势，进一步研究我国 ODR 的互联网源头治理内涵和线上化数字解纷路径也将会使我国 ODR 在社会实践中的创新发展应用具有深远意义。

第一，有助于实现网络空间的治理格局创新。我国 ODR 的实践成果打破了政府治理一元论的传统格局，创新融合了由政府、企业、社会组织、网络平台、网民用户等共同组成的互联网“多元共治”治理格局。通过提升每位互联网参与者在网络空间中的参与感和影响力，间接树立个人用户在网络空间中的主人翁意识和责任感，从而实现以人民为中心的共建共治共享互联网生态，营造清朗网络空间的现代化数字治理格局。

第二，有助于促进我国互联网内容的法律制度建设。随着互联网技术的高速迭代发展，国家与社会正在不断经历新型的权利冲突难题以及法律制度短缺的现实困境。当国家公权力暂缺清晰明确的法律规制时，可以优先通过民间 ODR 的私权利形式实现新型权利冲突和涉网矛盾纠纷的定分止争。通过不断地积累民间 ODR 的实践成果和适用争议，逐步将其优化为化解新型权利冲突及互联网矛盾纠纷的经验和方法，从而有效整合在解决涉及互联网内容的权利冲突过程中所遇到的制度短板和技术弱项，更具针对性地推进我国互联网内容的法治建设和技术攻坚，稳步打造更加符合我国互联网环境的“依法治网”互联网法治体系建设。

第三，有助于推进国家治理体系和治理能力现代化建设。推进国家治理体系和治理能力现代化需要不断地积累经验、分析弱项、总结完善，从而逐步实现补足短板、攻坚克难、成果转化。我国 ODR 的创新发展历经了从民间 ODR 的非诉解纷渠道到司法 ODR 的数字正义观念再到政务 ODR 的以人为本理念的三段式体系建构，充分展现了互联网 ICT 对影响与辅助多元化纠纷解决机制实现数字化、信息化、现代化发展进程的核心作用。同时，我国 ODR 的初创探索与完善历程蕴藏了丰厚的信息化数字治理经验和现代化科学技术成果，不仅为线下与线上双重维度的权利冲突和矛盾纠纷提供了高效便捷的线上解纷路径，而且时刻做好了为推进国家治理体系和治理能力现代化提供理论与实践双重经验的准备。

二、研究综述

（一）ADR 是 ODR 的适用基础

ADR（Alternative Dispute Resolution）是指民事诉讼制度以外的非诉讼纠纷解决方式的总称，[①] 根据英文可以将 ADR

① 范愉：《当代中国非诉讼纠纷解决机制的完善与发展》，《学海》2003 年第 1 期。

译为“替代性纠纷解决机制”[①]“诉讼外纠纷解决机制”[②]“非诉讼纠纷解决机制”[③]。ADR已经成为世界范围内的一个约定俗成的通俗术语，并且其概念强调的是与法院诉讼程序的区别性与替代性，[④]其最常见的表现形式包括协商、调解、仲裁、法院附属仲裁（Court-annexed Arbitration）、建议性仲裁（Advisory Arbitration）、中立专家认定事实等非诉讼解纷程序等。[⑤]

需要强调的是，ADR的可替代（Alternative）本意并非是为了完全替代或取代司法诉讼程序，而是为了给纠纷当事人提供除诉讼以外更多可以灵活采用的纠纷解决方式，[⑥]有序形成以司法诉讼与非诉讼纠纷解纷机制双轨并行式发展的相互协调、相互衔接、互补共进的权利救济体系，从而为满足百姓对灵活适用多元解纷模式的需求提供多元化的选择路径。[⑦]因为，在面对不同类型的民事纠纷时，合理地选择更有针对性和高效性的解纷机制可以更加充分体现ADR的效用最大化原则。ADR的确能够有效地通过其灵活、高效、低成本的特性来规

---

① 刘晓红：《构建中国本土化ADR制度的思考》，《河北法学》2007年第2期。

② 宋菲：《诉讼外纠纷解决机制研究》，《中州大学学报》2004年第4期。

③ 龙飞：《“把非诉讼纠纷解决机制挺在前面”的实证研究——以重庆法院实践为样本》，《法律适用》2019年第23期。

④ 高兰英：《在线争议解决机制（ODR）研究》，中国政法大学出版社2011年版，第33页。

⑤ 郭玉军、甘勇：《美国选择性争议解决方式（ADR）介评》，《中国法学》2000年第5期。

⑥ 范愉：《非诉讼纠纷解决机制研究》，中国人民大学出版社2000年版，第12页。

⑦ 范愉：《非诉讼程序（ADR）教程》，中国人民大学出版社2020年版，第11页。

避司法审判程序对当事人产生的各项重负。但是，在过度强调发展 ADR 的同时，也要谨慎考虑 ADR 是否会对权威的司法审判带来消极的冲击和代替。实际上，“ADR 不准备、也永远不可能取代（replace）法治。法治是我们社会的基础，而且其价值将会继续决定着社会的基本模式。”[①] 所以，推广和应用 ADR 的根本宗旨并非是要直接改变司法诉讼的刚性内在弊端，而是在保障当事人诉讼权和处分权的前提下，为其提供更多司法系统外部的柔性解纷途径。[②]

现如今，ADR 已经成为社会生活中不可或缺的解纷机制和构成要素；[③] 今后，ADR 还将被赋予同人类社会发展和法治社会建设共同打造共建共治共享的“三共”社会治理格局的崇高使命。[④] 正如法的发展一样，ADR 被赋予的社会功能与价值也会因人类物质生活条件的发展而创新进步。[⑤] 因此，进入互联网时代以后，当电子商务热潮涌向中华大地，远距离 B2B（Business to Business，企业对企业）、B2C（Business to Customer，企业对消费者）和 C2C（Customer to Customer，消费者

---

① See Bruce E. Meyerson and Corinne Cooper ed., *A Drafter's Guide To Alternative Dispute Resolution* (Chicago: America Bar Association, 1991), p. 4. 转引自范愉：《非诉讼程序（ADR）教程》，中国人民大学出版社 2020 年版，第 17 页。

② 范愉：《非诉讼纠纷解决机制研究》，中国人民大学出版社 2000 年版，第 12、13 页。

③ 范愉：《浅谈当代“非诉讼纠纷解决”的发展及其趋势》，《比较法研究》2003 年第 4 期。

④ 张文显、徐勇、何显明等：《推进自治法治德治融合建设，创新基层社会治理》，《治理研究》2018 年第 6 期。

⑤ 范愉：《非诉讼纠纷解决机制研究》，中国人民大学出版社 2000 年版，第 19 页。

对消费者）类型的电商交易纠纷与日俱增，且逐渐成为影响司法质效、制约司法公信力的新型诉源。因此，要想加速建成电商交易纠纷的诉源治理模式并及时提升司法公信力建设的现实社会需求均在同步激增。然而，通过传统的线下诉讼与线下ADR模式化解远距离纠纷非常不便于当事人维权。因为，电子商务交易纠纷普遍呈现价值低、争议简、数量大的纠纷特征，如果为了较小的标的额选择费用高、周期长的司法程序不免有些得不偿失，而且基于线下法院的管辖权问题，当事人也必将在司法诉讼过程中舟车劳顿；同理，选择线下的ADR化解异地纠纷也将面临不菲的交通成本和时间成本等额外支出，此类支出大于收益的维权路径不免成为影响消费者进行合法维护个人权益的“拦路虎”和“绊脚石”，致使消费者无法得到应有的权益赔偿。所以，寄希望于在互联网中运用线上化的纠纷解决方式来化解电商交易纠纷的迫切需求开始急速增加。[①]正如需求决定生产[②]进而形成市场的发展规律一样，消费者解纷需求的增加激发了运用互联网技术提供线上化的第三方ADR服务，不仅有效推动了Online ADR的市场化模式，而且为ODR的创新发展点燃了指路明灯。

ODR是一个广泛的术语，它包含了将互联网、网站、电子邮件通信、流媒体和其他信息技术作为部分纠纷解决程序的

---

① See Ethan Katsh, “The New Frontier,” 6, no. 2 *Dispute Resolution Magazine* (Winter 2000) 6.

② 钱智勇、薛加奇：《关于生产和需求关系的经济学演进研究——基于对新时代社会主要矛盾的经济学阐释》，《吉林大学社会科学学报》2018年第3期。

ADR 模式和法庭程序。当事人通过 ODR 化解纠纷时可能永远不会进行面对面沟通，相反，他们可能只在网上进行交流。[①] 2010 年 12 月，第 22 届联合国国际贸易法委员会第三工作组（Online Dispute Resolution）会议中明确指出：ODR 是一种由第三方通过在线技术协助解决当事人之间的矛盾纠纷并作出可能具有约束力评判的纠纷解决方式。尽管信息技术会运用在 ODR 的全部或部分解纷流程中，但 ODR 与线下（Offline）调解和仲裁具有很多相似之处。ODR 可以适用于 B2B、B2C 或 C2C 等一系列的交易纠纷中，也可合乎逻辑地应用于涉及互联网内容的权益纠纷中。ODR 产生的理念是基于电子商务环境中开始出现具有金额小、数量大特征的电子交易纠纷，急需一种高效且低廉的解纷机制实现定分止争。这表明 ODR 的未来发展不应当仅局限于对现有解纷模式进行细微的信息化规则适用，更应当完善 ODR 的具体法律标准。[②]一个好的 ODR 程序应该能够实现两个主要目标：第一，它应当能够有效且安全地管理纠纷双方的问题，并提供中立且公正的解决办法；第二，通过这种解决方式，它应当起到强化企业与消费者之间的道德关系的作用，尽可能通过行业自律或者教育传播的方式提升使用 ODR 的思维意识。同时，好的 ODR 程序也应当具有独立性、便捷友好的使用程序、合理的费用、短流程特性、安全与保密

---

① See "Addressing Disputes in Electronic Commerce: Final Recommendations and Report," 58: 1 *Business Lawyer* (*ABA*) (2002) 419.

② "Online dispute resolution for cross – border electronic commerce transactions," UNCITRAL, last modified May 15, 2018, https: //undocs. org/en/A/CN. 9/WG. III/WP. 105.

性、约束力及可执行性。[①]

（二）我国 ODR 的研究综述

随着互联网全球化的发展浪潮，涉网纠纷成为新型的法律纠纷难题，探索以互联网的方式化解网上纠纷成为互联网时代前沿发展的社会焦点问题。我国线上纠纷解决机制（ODR）的发展契机是基于国内互联网络域名争议的产生。我国 ODR 的实践开端始于 2000 年 12 月成立的中国国际经济贸易仲裁委员会（贸仲委）域名争议解决中心暨网上争议解决中心网站（www. odr. org. cn）。该中心作为我国国内首家获得中国互联网络信息中心（CNNIC）授权的中文域名争议解决机构，专注受理域名抢注纠纷、通用网址抢注纠纷、无线网址抢注纠纷、短信网址抢注纠纷，并采用专家组负责制的审理方式为域名纠纷提供 ODR 服务。随着我国 ODR 实践工作的起步运行，小部分学者也开始同步进行关于 ODR 的理论研究。2001 年，由徐继强教授首次提出 ODR 是由 ADR 演化而来的，其主要模式是将 ADR 的经验方法运用到解决全球电子商务中出现的网上纠纷，同时，也明确提出了 ODR 的出现不是要代替司法程序，而是要弥补法院诉讼的不足。[②] 2002 年，刘满达教授通过分析比较 ODR 对于法院诉讼的优势，首次提出了法院制度应尽快引入

---

① See Virginia La Torre Jeker, Hamna Anwar, Mearl Cabral, and Faiza Farooq Mannan. “E-Transaction Law and Online Dispute Resolution: A Necessity in the Middle East.” 20: 1 *Arab Law Quarterly* (2006) 64.

② 徐继强：《在线纠纷解决机制（ODR）的兴起与我国的应对》，《甘肃政法学院学报》2001 年第 4 期。

ODR 的建议方案，并表明“在相当长的时期内，法院诉讼、ADR、ODR 将会相互依存、相互渗透、功能互补，并最终形成一种多元化的争议解决机制”[①]。同年，学者沈文娟首次提出了我国仲裁的离线状态（Offline）和在线状态（Online）两种模式，[②] 为我国 ODR 的状态划分和格局定位埋下伏笔。

我国 ODR 的实践应用和理论研究一直都是并行不悖的。随着我国电子商务产业的发展和兴起，中国电子商务法律网和北京德法智诚咨询公司于 2004 年 6 月发起成立了“中国在线争议解决中心”，并开通网站 www. odr. com. cn 用于提供与电子商务相关的在线调解和在线和解服务，[③] 遗憾的是该网站现已停止运营。同期零星产出与 ODR 相关的学术成果也逐渐印证了 ODR 研究的现代化意义和本土化价值。但在 2012 年以前，ODR 仅仅受到较少国内学者的敏锐关注，直到 2012 年，涉及 ODR 的研究才真正开始在国内学术理论领域扩大研究。自此，国内学者开始引入并学习美国 ODR 的理论研究，借鉴其“第三方”与“第四方”的概念内涵并进一步指出，提供 ODR 服务的“第三方”解纷平台会因为“第四方”信息与通信技术（ICT）而影响其发展进程的学术观点。[④] 鉴于我国互联网技术的应用与发展尚处在落后阶段，当国内的 ODR 研究

---

① 刘满达：《论争议的在线解决》，《法学》2002 年第 8 期。

② 沈文娟：《在线仲裁：ODR 新浪潮已经来临》，《中国经贸》2002 年第 12 期。

③ 丁颖：《在线解决争议方式的发展及其对策》，《云南师范大学学报（哲学社会科学版）》2011 年第 6 期。

④ 范筱静：《在线纠纷解决机制研究——以电子商务消费者纠纷解决为视角》，《西部法学评论》2012 年第 4 期。

还处在初探阶段，同期的域外 ODR 研究已经初步开始出现法院 ODR 与法院外 ODR 两种不同概念的新观点。随即，国内学者也开始对 ODR 的概念范畴以及 ADR 与 ODR 的对比差异展开研究。看似简单清晰的基础性问题，但不同的思维方式将直接影响对 ODR 产生不同的理论认同。基于 ODR 会受到“第四方”ICT 迭代发展的深入影响，ODR 必将随着技术进步而逐步优化其操作流程、创新其执行模式、开拓其适用领域。然而，如果按照 ODR 是 Online ADR 的传统思维路径出发，ODR 不应该包含法院 ODR 的新概念，因为 ADR 是和法院诉讼相对的概念；但如果以 ODR 的在线（Online）状态与离线（Off-line）争议解决机制作为相对的概念，那么 ODR 就必然包含法院 ODR 与法院外 ODR 两个方向。[①] 尽管我国学术界尚未对 ODR 的概念内涵达成共识，但狭义或广义的研究视角均对我国 ODR 的理论研究提供了深刻的辩证分析方法，为厘清我国 ODR 在多元化纠纷解决机制中的格局和定位提供了二元的思维路径和框架模型，更进一步印证了唯有秉承可持续发展的研究思路才能更加全面系统地剖析 ODR 在理论与实践双重维度中的多样性、系统性和整体性。

2014 年中国迎来全功能接入互联网 20 周年，中央网络安全和信息化领导小组成立，提出建设“网络强国”战略目标，“净网 2014”系列行动开启了全面依法治网的热潮，网络和信息安全受到高度重视，互联网金融百花齐放，互联网进一步成

---

① 高英兰：《ODR 与 ADR 之明辨》，《求索》2012 年第 6 期。

为大众创业、万众创新的新工具,[①] 随即推动了我国 ODR 研究的新一波高潮。有学者以博弈论的视角分析并提出内生 ODR 与外生 ODR 理论;[②] 为了应对 ODR 结果执行难的问题提出先网络力量，次社会力量，最终为司法力量的三段式执行体系;[③] 结合淘宝推出的大众评审制度，有针对性地研究具有网络陪审团属性的众包式 ODR（Crowdsourced ODR）;[④] 还有学者在参照域外网上法庭（Cybercourt）实践经验的同时结合我国法院使用在线通信工具审理案件的成功案例，以及法院开通的“在线诉讼服务平台”和“中国审判流程信息公开网”等信息化建设经验，开始提出网上法庭也应归纳到 ODR 的概念范畴之中。[⑤] 由此可见，域外 ODR 的发展规模和研究进度要显著快于我国 ODR 的内容建设，但域外法院 ODR 的经验成果却也在间接引导着我国 ODR 的发展方向。随着 2015 年“互联网 +”行动计划的提出，我国 ODR 在司法系统内部的创新发展提质增效。在吉林省高级人民法院启动国内首家电子法院后，电子法院的建设规模开始向全国法院推广普及，真正实现了法院工作“全业务、全方位、全天候、全流程”覆盖，当

---

① 《中国互联网协会发布“2014 年影响中国互联网发展的大事件”》，中国网信网，http://www. cac. gov. cn/2017 - 08/24/c_ 1121538175. htm，访问时间：2018 年 6 月 3 日。

② 高薇：《互联网争议解决的制度分析　两种路径及其社会嵌入问题》，《中外法学》2014 年第 4 期。

③ 郑世保：《ODR 裁决书强制执行机制研究》，《法学评论》2014 年第 3 期。

④ 方旭辉：《网上纠纷解决机制的新发展——从网络陪审团到大众评审制度》，《江西社会科学》2014 年第 11 期。

⑤ 丁颖：《网上法庭：电子商务小额纠纷解决的新思路——国外主要实践及中国相关制度构建》，《暨南学报（哲学社会科学版）》2015 年第 10 期。

事人足不出户即可办理完整的诉讼服务。[①] 电子法院可谓是充分回应了线上社会全面发展的时代背景，为线上、线下双重维度的矛盾纠纷提供了通用的线上化司法诉讼模式，使其成为与互联网时代相匹配的新司法方式。[②] 电子法院的在线诉讼模式可以按照不同的区分标准形成多元的分类模式，例如，基于信息技术在诉讼环节中的应用程度，可以将其分为阶段性模式与全程性模式；基于电子诉讼与传统诉讼的相互关系，可以将其分为辅助性模式与并列性模式。[③] 再次为厘清和建构我国 ODR 的体系架构研究提供了前提基础和理论脉络。直到 2017 年杭州互联网法院的成功设立，预示着我国首家乃至全球第一家具有集中管辖、专业审判涉网案件的互联网法院正式在中国翻开了通往数字正义（Access to Digital Justice）的全新篇章。两年间，我国接连在杭州、北京、广州分别设立了三所互联网法院，首次实现了中国司法 ODR 在全球司法改革及创新发展进程中的世界领先。同时，互联网法院所提供的同步审理模式和异步审理模式更为域外国家展现了以人民为中心的服务理念而创新打造与人方便、与众不同、与时俱进的“中国经验”。[④]

---

① 张淑秋：《吉林电子法院“e”流程变革审判方式——法院信息化建设不再满足于小修小补实现全业务全方位全天候全流程覆盖》，《吉林人大》2015 年第 11 期。

② 左卫民：《中国在线诉讼：实证研究与发展展望》，《比较法研究》2020 年第 4 期。

③ 侯学宾：《我国电子诉讼的实践发展与立法应对》，《当代法学》2016 年第 5 期。

④ 自正法：《互联网法院的审理模式与庭审实质化路径》，《法学论坛》2021 年第 3 期。

三、研究方法

（一）语义分析法

本文通过语义分析法来明确 ODR 的概念内涵及适用范围。基于我国学术界对 ODR 的研究缺乏体系性建设和延续性拓展，部分学者对 ODR 的认知仅停留在线上化 ADR（Online ADR）的狭义概念范畴，还有部分学者将 ODR 与互联网法院、数字政府、网络空间治理等理论区别对待，并未意识到 ODR 与互联网审判模式、数字政务服务、互联网治理体系以及国家治理体系和治理能力现代化发展的内在逻辑关系。本文希望通过结合数字化司法审判模式和信息化政务服务渠道的现代化发展思路来扩展扩容 ODR 的概念内涵和治理体系，使 ODR 突破传统民间 Online ADR 的概念局限，搭建具有司法系统内部的司法 ODR、司法系统外部的民间 ODR 以及具有现代化政府服务理念的政务 ODR，形成“三位一体”式的现代化 ODR 治理体系，使 ODR 的概念内涵和适用范围与时俱进、与网俱进。

（二）文献分析法

本文通过文献分析法对国内 ODR 的发展程度、适用情况和反馈效果进行梳理和分析，并结合域外的成功经验和域内的创新发展提炼并总结出有益于我国 ODR 发展的实践经验与理论内涵。即使域外发达国家开展 ODR 研究的时间要早于我国，但域外 ODR 创新发展的可持续性相对较弱。自 ODR 概念进入中国以后，我国 ODR 在社会实践中的相对发展速度更快、创新形式更多、解纷效率更高，其发展路径及应用成果可谓我国ODR自主创新的风向标。尽管如此，ODR在学术研究中并未受到广大学者的过多关注。自2001年起至2020年底，能够通过“知网”检索到“ODR”的法学文章达到330余篇，相关博士论文仅有5篇，尚未充分展现出我国ODR可持续创新发展的相对优势。本文希望在对国内外相关文献进行文本归纳分析的同时，融入ODR在社会实践中的最新技术支持和科研成果，加快推进我国ODR的理论研究深度，让我国ODR在理论与实践双重维度上实现同步发展。

（三）价值分析法

本文通过价值分析法从个人、组织、社会三层维度的研究视角分析我国ODR的适用价值与法理内涵。结合ODR在我国当前的实践应用情况和创新发展进程，客观理性地分析ODR在实践应用中的优势作用和弊端问题。同时，运用管理学的PESTEL宏观分析模型以多元的视角探析ODR与政治（Political）、经济（Economic）、社会（Social）、技术（Technological）、环境（Environmental）、法律（Legal）六大因素的相互影响和适用价值。本文试图通过多元的分析视角和科学的分析路径证成我国ODR研究的正当性、有效性和可持续性，进一步充实与完善我国ODR的理论基础和适用价值，使其成为广大人民群众在互联网时代实现定分止争的优选数字路径。

（四）实证分析法

本文检索了国内外有关ODR的部分实证资料。例如，国内贸仲委网上争议解决中心、阿里巴巴大众评审、闲鱼小法庭、互联网法院、法院微法庭、智能化司法辅助系统、“浙江ODR”手机软件、“北京信访”手机软件的发展及适用情况，以及美国 Cybersettle、美国法院附设 ODR 项目、英国在线法院、欧盟《消费者 ODR 条例》和《一般数据保护条例》等实务经验成果。本文通过对实证资料的归纳与分析，从相对成熟的域外经验中解析 ODR 在全球范围内的发展进程和价值优势。在参照国外 ODR 经验成果的同时，同步比照国内 ODR 在发展进程中所遇到的技术瓶颈和不足之处。希望通过经验借鉴的方式为我国 ODR 的创新发展汲取有益经验，进而有针对性地提出完善我国 ODR 在实现定分止争中的法律规范和执行机制建议，为我国 ODR 的高质量发展贡献绵薄之力。

四、论文框架

除绪论之外，本文总共分为五章。第一章旨在厘清 ODR 的概念内涵以及我国 ODR 的发展历程和适用场景。从基础的概念特性、连贯的创新脉络以及常见的生活场景切入文章主题。第二章旨在搭建 ODR 的系统架构和治理体系。将 ODR 的创新实践成果及时归纳总结，从回应社会实践的角度激发 ODR 的理论创新。第三章旨在证成我国 ODR 研究的正当性并分析 ODR 在我国的适用成效。首先通过宏观的 PESTEL 分析模型从政治（Political）、经济（Economic）、社会（Social）、技术（Technological）、环境（Environmental）、法律（Legal）六大因素对 ODR 进行多元的实证分析并证成其可持续发展的正当性，再通过微观的三维视角对 ODR 进行从个体到局部再到整体的适用价值分析。第四章旨在突出我国 ODR 的时代意涵。ODR 看似内容简单实则不然。从非诉解纷机制到多元治理体系、从诉讼源头治理到网络空间治理、从民间传统的习惯法内涵到国家治理体系与治理能力的现代化发展 ODR 贯穿始终。互联网技术的应用场域是灵活且广泛的，但其技术原理和应用模式却具有相似性。通过对相似性问题的具体深挖，即可将我国的 ODR 研究作为国家治理体系和治理能力现代化研究的一种缩影。通过以小见大的研究视角，深刻剖析 ODR 所蕴藏的丰厚学理价值。第五章旨在总结我国 ODR 的当前发展局限，并且有针对性地提出相对易理解、易操作、易实现的完善进路，为加快建成更加优化、系统、科学且符合我国国情的 ODR 治理体系和数字化治理格局建言献策。

第一章我国线上纠纷解决机制的概述。本章首先阐明 ODR 是基于以互联网技术为科技支撑、以非诉讼纠纷解决机制为适用基础、以互联网矛盾纠纷为发展契机三个核心要素而形成的具有便捷性、高效性、缓和性、自治性和时代性的新型解纷机制。ODR 随着科技的高速发展和广泛应用逐渐突破了线上化非诉解纷流程的传统范畴，扩展扩容至司法系统和政务服务之中。随着线上解纷路径的创新发展，学术界对 ODR 的概念内涵和适用范畴逐渐产生传统狭义概念和现代广义概念的二分学说。本文对 ODR 的研究秉承现代广义的概念论，以可持续发展的眼光探索 ODR 与时俱进和与网俱进的发展内涵和丰厚价值。其次，对 ODR 进入中国以后的发展阶段进行六个阶段的归纳和划分，清晰描画出我国 ODR 从初创到优化、从单一到多元、从自发到规范的创新发展路径。最后，将我国 ODR 普遍适用到的纠纷场景进行整理和区分，例如，网络域名纠纷、电子商务纠纷、网络侵权纠纷、知识产权纠纷、金融消费纠纷、网络舆情监测、数字政务服务，充分展现出我国 ODR 适用场景的灵活性和适用场域的广泛性。

第二章我国线上纠纷解决机制的体系架构。本章首先对我国 ODR 的当前适用模式进行类型化区分，即我国当前的 ODR 体系可以划分为司法 ODR、民间 ODR、政务 ODR 三种类型。司法 ODR 是源于司法系统的信息化与现代化发展而创新形成的 ODR 类型，其典型的运行模式包括智能化司法辅助系统、在线法院、电子法院、互联网法院等智慧法院建设成果；民间 ODR 依托传统 Online ADR 的解纷路径，其典型的解纷方式包括在线协商、在线调解、在线仲裁等非诉解纷模式；政务 ODR 是基于政府政务服务的数字化发展而拓展形成的 ODR 类型，其典型的适用范畴包括网络舆情监测、网上信访、市民服务平台等公共服务体系。其次，对 ODR 在多元化纠纷解决机制中的格局定位进行明确划分。一方面可以将多元化纠纷解决机制以线上解纷模式和线下解纷模式的二分法进行划分，从而明确 ODR 的空间格局定位；另一方面也可以将多元化纠纷解决机制以诉讼和非诉讼的二分法模式进行区分后，再通过对具体的诉讼、民间 ADR 和行政 ADR 进行线上（Online）与线下（Offline）模式划分，从而明确 ODR 的适用类型及架构定位。最后，通过整合司法 ODR、民间 ODR 和政务 ODR 的多元治理模式，搭建以政务 ODR 预防为先、以民间 ODR 优位挺前、以司法 ODR 裁判终局的网络空间治理体系，竭力打造多元化的共治体系、数字化的治理格局、源头化的治理闭环，从而实现网上纠纷网上化解的互联网治理愿景。

第三章我国线上纠纷解决机制的正当性与适用性分析。本章首先证成我国 ODR 在当前互联网时代下创新发展的正当性。通过使用管理学的 PESTEL 宏观分析模型，从政治（Political）、经济（Economic）、社会（Social）、技术（Technological）、环境（Environmental）、法律（Legal）六大因素对 ODR 进行多维度的实证分析，通过综合分析外界因素与 ODR 发展的相互影响，客观证成我国 ODR 在当前社会科学发展进程中的正当性、必要性和可持续性。其次，通过个人、组织、社会三维的研究视角对我国 ODR 的适用价值和法理内涵进行适用性分析。本章着重发挥多维度分析的综合评价体系，在探索我国 ODR 的适用优势、附加价值和法理内涵的同时，激发我国 ODR 在理论研究与实践创新双重维度下的可持续发展。

第四章我国线上纠纷解决机制的时代意涵。本章的主旨在于展现我国 ODR 在互联网时代发展中所蕴藏的丰厚价值。首先，我国 ODR 所形成的网络空间治理体系可以转化为具有互联网源头治理属性的新时代“网上枫桥经验”。“枫桥经验”是通过秉承其“小事不出村，大事不出镇，矛盾不上交”的解纷逻辑，有效建成了基层社会矛盾纠纷的诉源治理。同理，随着网上世界与网下世界的深度融合，百姓的日常行为、生活方式、工作模式和社交途径早已在网络空间中形成了虚拟的数字社会。为了维护我国数字社会的和谐稳定发展以及涉网纠纷的精准高效治理，ODR 在互联网时代被赋予了二元的网络空间治理意涵。一方面，从单一的网络空间的视角出发。通过强化互联网平台自治的纠纷预防和纠纷化解功能，有效实现了 ODR 在网络空间中的诉源治理意涵。另一方面，基于线上数字社会与线下传统社会的二维视角出发。通过搭建我国 ODR 的互联网治理架构，即司法 ODR、民间 ODR 和政务 ODR 的三元治理模型，创新实现了“网上纠纷网上解决”“线上纠纷不下线”的数字社会治理成效，充分展现了我国 ODR 的互联网源头治理意涵。其次，我国 ODR 发展进程中所遇到的新问题和探索的新路径都将为国家数字治理建设奠定基础。从单一到多元、从民间到官方、从无序到规范，我国 ODR 的探索与发展历经了二十载的现实考验，每每遇到效力难题、制度缺位以及技术漏洞的现实困境时，其实都是在为今后的流程完善、制度发展以及技术攻坚做步步总结。当我国数字治理研究遇到了如何完善网络用户的个人隐私保护、如何构建网络空间的治理体系、如何优化数字政府建设中的政务服务等技术难题时，即可参考借鉴有关我国 ODR 适用与发展的经验历程和科研成果，以实现经验互补和问题互鉴。因此，创新发展我国 ODR 的意义早已突破了最初单纯搭建线上化的解纷模式内涵。互联网时代赋予了 ODR 更深远的时代使命，唯有借助互联网技术的创新发展与广泛应用，才能更加全面且深刻地剖析 ODR 在互联网时代的全新意涵，才能充分发挥 ODR 的内在潜力和深厚价值，使其真正成为推进国家治理体系和治理能力现代化的

“试验田” 和 “助推器”。

第五章我国线上纠纷解决机制的发展局限与完善进路。本章通过归纳总结上文提及的我国 ODR 在发展进程中的实际反馈情况，从客观事实中筛选并分析能够直接影响我国 ODR 发展的根本核心问题。例如，人民群众缺乏对 ODR 的认知水平和信任程度、民间 ODR 的决策结果不具有强制力等将直接影响大众不愿直接通过使用 ODR 来化解矛盾纠纷，避免在未知的前提下白白浪费时间和精力；我国有关 ODR 的法律规范尚处在短缺阶段，这就使得 ODR 的建设者、运行者、执行者、参与者均处在一个 “法治的灰度” 阶段，缺乏制度规范建设也将直接影响 ODR 的运行规范、执行效率、口碑宣传，或将间接影响我国依法治网的现代化治理体系和治理能力的发展水平与推进进程。基于我国 ODR 当前的发展局限，有针对性地从强化 ODR 普及应用、提升 ODR 解纷质效和完善 ODR 制度建设三个方面建言献策，从而加快构建我国 ODR 在发展中创新、在创新中完善、在完善中发展的可持续发展格局，为推进我国 ODR 的规范化发展与体系化建设贡献绵薄之力。

第一章

我国线上纠纷解决机制的概述

第一节 线上纠纷解决机制的概念界定

线上纠纷解决机制（Online Dispute Resolution，简称ODR）是基于互联网时代高速发展的互联网矛盾纠纷而衍生兴起的一种精准对策型解纷机制。初始阶段的线上纠纷解决机制仅能依托信息与通信技术（Information and Communication Technology，简称ICT）实现非诉讼纠纷解决机制（Alternative Dispute Resolution，简称ADR）的线上化应用，即形成Online ADR的解纷模式。随着互联网应用技术的创新与完善，线上纠纷解决机制的实践场域突破了线上化非诉讼纠纷解决机制（Online ADR）的传统适用范畴，逐步开拓了司法系统内部的线上化审判模式，以及国家政府单位的数字化政务服务。基于ODR实践场域的有序发展，为同步推进我国ODR的理论研究发展进路提供了全新的思维范式。

我国学者普遍将"Online Dispute Resolution"译为"在线争议解决机制""网上争议解决机制""在线纠纷解决机制"

等，而本文对 ODR 的译文采用“线上纠纷解决机制”，主要原因是将 ODR 中的 Online 译为“线上”，既可与 Offline“线下”的解纷模式形成鲜明的状态对比，也更易于对多元化纠纷解决机制进行线上模式与线下模式的格局定位和体系划分。“线上与线下”的对照组模式可以更加清晰地区分多元化纠纷解决机制的适用板块，且更易于大众群体对 ODR 的初步理解和深入认识。ODR 凭借其高效、便捷、缓和、自治以及依托互联网时代科技发展的时代特性，有效缓解了传统线下解纷模式对涉网纠纷的适用痛点与技术难点，充分擘画了“线上纠纷线上解决”的网络空间治理图景，真正实现了我国多元化纠纷解决机制的现代化发展模式和数字化治理格局。

一、线上纠纷解决机制的发展要素

（一）以互联网技术为科技支撑

互联网技术为人类 21 世纪的信息化与数字化发展提供重大历史机遇。互联网是由计算机技术与通信技术结合而成的[①]计算机交互网络，又称国际网络。互联网始于 1969 年，最初是由美国国防部高级计划研究署建立且仅限军方内部使用的军用计算机网络——阿帕网（ARPANET），直到 1983 年阿帕网被分为两个网络，一个是 MILNET，仅供美国国防部使用，另一个是剩余的 APPANET，仅供政府签约合作的科研和教育机

① 齐爱民、刘颖主编：《网络法研究》，法律出版社 2003 年版，第 4 页。

构使用。1986 年美国国家科学基金会网（NFS net）介入并替代了 APPANET，Internet 这个名字才开始出现。① 直到 1989 年蒂姆·伯纳斯·李（Tim Berners-Lee）等科研人员才共同发明出万维网（World Wide Web，简称 WWW），待 1992 年美国对互联网解除了商业活动禁令之后，② 互联网才真正突破了美国国防军事领域和美国科研院校领域的垄断使用权限，逐步拉开了商业领域网络化发展的全新序章，也真正通过信息与通信技术（ICT）实现了在互联网环境中进行信息传输与交换的全新渠道。③ 但随着互联网技术的发展与应用，美国社会逐渐涌现出了一批前所未有的法律问题，如新注册域名的合法性问题、传统商标所有人与新注册域名持有者的知识产权保护等新型互联网权益纠纷难题。当传统线下的诉讼和 ADR 难以化解虚拟空间中的新型涉网纠纷时，美国人开始尝试利用互联网技术来化解网络民事纠纷，从而实现“网上纠纷网上解决”的梦想。④ 面对社会的舆论热议和涉网纠纷的频频出现，美国教育界中的三所高校于 1996 年开始针对涉及互联网内容的新型权益纠纷开展专项研究，首次实现了在制定新型解纷机制的可行

---

① 王绍卜主编：《互联网应用基础》，华中科技大学出版社 2001 年版，第 1—2 页。

② ［美］伊森·凯什、［以色列］奥娜·拉比诺维奇·艾尼：《数字正义：当纠纷解决遇见互联网技术》，赵蕾、赵精武、曹建峰译，法律出版社 2019 年版，第 39—40 页。

③ 何方白、蒋青、范馨月、曹建玲、庄菱：《现代通信概论》，人民邮电出版社 2011 年版，第 1—2 页。

④ 郑世保：《在线解决纠纷机制（ODR）》，法律出版社 2012 年版，第 23 页。

性方案中融入 ICT,[①] 为化解权益纠纷提供了前所未有的线上解纷途径，更为 ODR 的初创设计和新颖模式镌刻出具有划时代意义的历史原点。

（二）以非诉讼纠纷解决机制为适用基础

非诉讼纠纷解决机制（ADR）是线上纠纷解决机制（ODR）的适用原型。当美国教育界对 ODR 的研究成果显现于普罗大众眼前之时，美国实务界中的部分执业律师立刻从中意识到了互联网技术背后所隐藏的潜在发展机遇和独特技术优势，试图借助互联网 ICT 为线下的纠纷当事人客户提供高效便捷的线上化 ADR 服务，例如，通过网络留言板、在线聊天室等模式提供在线调解服务。[②] 正是基于 20 世纪末互联网进入商业领域后，涉及互联网内容的权益纠纷对诉讼与非诉讼解纷模式提出了全新的技术挑战，这才使得美国教育界与实务界开始共同构建出双轨并行式的科学研究，互联网 ICT 与 ADR 才有了别出心裁的融合智造，ODR 也才有机会成为亘古未有的创新突破。进入 21 世纪以后，电子商务成为产生线上交易纠

① 马萨诸塞大学的在线监察官办公室（The University of Massachusetts Online Ombuds Office，UMOOO）是一个针对在线争议提供在线调解服务的项目；芝加哥——肯特法学院所主办的虚拟治安法官项目（The Virtual Magistrate Project，VMP），为解决与互联网服务提供商（ISP）的权利义务有关的争议而成立；另外一个是马里兰大学网上调解计划（The University of Maryland Online Mediation Project，UMOMP），主要解决美国马里兰州家庭法律纠纷以及医疗保健方面的纠纷。高兰英：《在线争议解决机制（ODR）研究》，中国政法大学出版社 2011 年版，第 56—57 页。

② 高兰英：《在线争议解决机制（ODR）研究》，中国政法大学出版社 2011 年版，第 35 页。

纷的首要源泉，美国逐渐显现出以提供 Online ADR 作为解纷服务的第三方 ODR 提供商，例如，SquareTrade、Cybersettle、Smartsettle、Mediation Room 和 Benoam 等。ODR 提供商通过建立具有在线调解、在线仲裁、背靠背竞价等功能属性的 ODR 解纷平台，精准满足了互联网用户最热切的解纷需求，从而展现出 Online ADR 在化解互联网矛盾纠纷时的适用优势，[①] 更是为 ODR 的全球化发展格局与模式创新奠定了坚实基础。

（三）以互联网矛盾纠纷为发展契机

互联网矛盾纠纷推动传统线下解纷模式向线上化发展。随着全球电子商务的高速发展，远距离 B2B、B2C 和 C2C 类型的线上交易纠纷与日俱增，对于想要化解涉网纠纷的现实需求迫在眉睫。然而，通过传统的线下诉讼与 ADR 模式化解远距离纠纷对于纠纷当事人来说非常不便，因为电子商务纠纷普遍呈现标的额较小、纠纷数量较大的特征，如果为了较小的标的额选择费用高、周期长的司法程序不免有些得不偿失；同理，如果选择线下的 ADR 化解纠纷也将面临不菲的交通成本和时

---

① 艾伯特（Altert Fiadjoe）教授针对 ADR 的适用提出了 17 项优势：（1）快速；（2）选择权和无偏私、中立的专家意见；（3）非正式和具有弹性；（4）个人隐私；（5）经济；（6）终局性；（7）ADR 的多性和适应性；（8）对各方当事人需求的承认；（9）双赢形式；（10）为参与的当事人创出富有创造性的解决路径；（11）节省公共支出；（12）个人节省了时间和精力；（13）保留了有益的商业和个人关系；（14）缩短法庭的诉讼时间表；（15）更高效的法律系统；（16）对传送正义有本质性提高；（17）增加参与和接近正义。Albert Fiadjoe, *Alternative Dispute Solution: A Developing World Perspective* (London: Cavendish Publishing Limited, 2004), p. 1. 转引自胡铭、赵骏、周翠：《转型社会多元纠纷解决》，知识产权出版社 2011 年版，第 16 页。

间成本等额外支出。因此，希望在互联网中运用线上化的纠纷解决方式来化解电商交易纠纷的迫切需求开始急速增加，[①] 互联网用户对于线上解纷的需求增量真正为 ODR 在社会实践领域中的创新发展开拓了新兴市场、点燃了指路明灯。

二、线上纠纷解决机制的概念分说

概念可以对法律事实进行定性，从而为人们认识和评价法律事实提供必要结构。[②] 自 20 世纪 90 年代至今，全球互联网技术的迭代发展与广泛应用已经成为界定 ODR 概念内涵的影响因素。基于 ODR 清晰的历史溯源，国内外学者们普遍能够认同 ODR 是 ADR 依托信息与通信技术（ICT）而形成的新型解纷机制。但随着网络信息技术的创新发展与广泛应用，能够通过 ICT 提供线上化的解纷模式及服务路径开始增加，渐已突破传统 Online ADR 的实践范畴。因此，学术界对于 ODR 的概念认知和适用范畴也开始出现不同的学理观点，一类是以秉承传统 Online ADR 的狭义 ODR 概念学说；另一类是以秉承现代可持续发展观念的广义 ODR 概念学说（如图 1.1 所示）。

---

① See Ethan Katsh, "The New Frontier," 6, no. 2 *Dispute Resolution Magazine* (Winter 2000) 6.

② 张文显：《规则 · 原则 · 概念——论法的模式》，《现代法学》1989 年第 3 期。

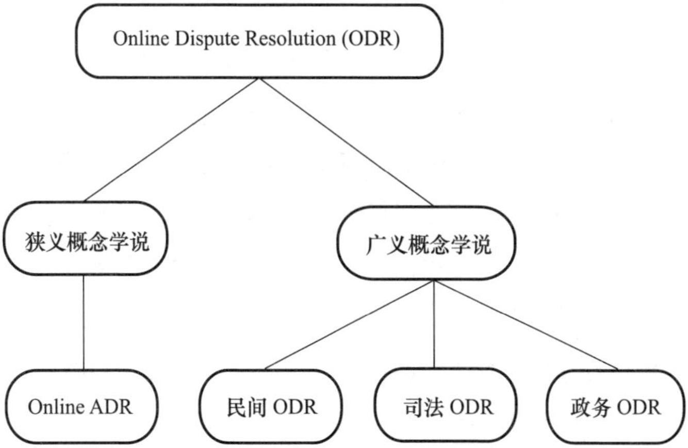

图 1.1　线上纠纷解决机制（ODR）的概念学说

（一）传统的狭义概念学说

ODR 的传统狭义概念学说是遵循 ODR 历史发展渊源而形成的保守型概念。狭义概念学说将 ODR 界定为：ODR 是 ADR 依托互联网信息技术而形成的线上化 ADR（Online ADR）模式。① 基于"网络"一词在英语中还有 electron 和 Internet 的表达形式，因此也有域外学者将 ODR 表述为 electron Alternative Dispute Resolution（eADR or eDR）或 internet Alternative Dispute Resolution（iADR or iDR）。尽管英语环境中有 Online ADR、OADR、eADR、eDR、iADR、iDR、ODR 等众多名词及缩写形

① See Alyson Carrel and Noam Ebner, "Mind the Gap: Bringing Technology to the Mediation Table," 2 *Journal of Dispute Resolution* (2019) 6.

式，但其指向意义全部一致，且使用频率最高的还是 ODR。[①]这就等同于 ODR 在中文语境中存在不同的名词翻译一样，虽然在线解决纠纷机制、在线纠纷解决机制、在线争议解决机制、网上纠纷解决机制、网上争议解决机制、线上纠纷解决机制的表述方式不尽相同，但其统一指向的都是 ODR 本意。在狭义概念的视角下，ODR 是通过中立第三方平台依托网络技术作为“第四方”（The Fourth Party）的技术支持[②]为纠纷当事人提供线上化的 ADR 解纷服务，以在线协商、在线调解、在线仲裁等非诉讼的解纷方式实现定分止争，[③] 其适用范畴仅限于传统诉讼之外的线上化 ADR 模式。[④] 基于当事人对冲突矛盾的解纷需求和具体情况，ODR 可以依托 ICT 的支持，通过电话会议、视频会议、E-mail、即时通信、聊天室等技术工具方式提升当事人之间的沟通效率。[⑤] 当事人通过 ODR 化解矛盾纠纷几乎可以完全省去在物理空间进行的面对面沟通形式；通过线上化的通信模式即可实现“网对网”的解纷路径，

---

① 郑世保：《在线解决纠纷机制（ODR）研究》，法律出版社 2012 年版，第 24、25 页。

② 刘哲玮：《国家介入：我国 ODR 建设的新思路》，《网络法律评论》2009 年第 1 期。

③ 郑维炜、高春杰：《“一带一路”跨境电子商务在线争议解决机制研究——以欧盟〈消费者 ODR 条例〉的启示为中心》，《法制与社会发展》2018 年第 4 期。

④ 徐继强：《在线纠纷解决机制（ODR）的兴起与我国的应对》，《甘肃政法学院学报》2001 年第 4 期。

⑤ See Virginia La Torre Jeker，Hamna Anwar，Mearl Cabral，and Faiza Farooq Mannan. “E-Transaction Law and Online Dispute Resolution：A Necessity in the Middle East.” 20：1 *Arab Law Quarterly*（2006）62.

再依托流媒体技术的应用更能在虚拟空间中实现“面对面”的视频通信效果，从而达到更加真实的“面对面”沟通效果。

（二）现代广义概念学说

ODR 的现代广义概念学说是承载 ODR 社会实践创新而形成的发展型概念。首批开展 ODR 研究的 Ethan Katsh 教授坚持以可持续发展的眼光看待涉及互联网技术的内容变化，并指出：“对于有关互联网的所有事物，包括互联网本身，都不能将其看成是一幅制作完成的画或已经出版的书，因为互联网的技术与程序永远都处在一个发展变化的过程中，而非既定完成式的。”① 联合国国际贸易法委员会明确将 ODR 定义为：“ODR 是基于信息技术平台使用电子通信和其他信息技术而形成的纠纷解决系统。”② 以上两种观点都秉承一种理念，即涉及互联网技术的 ODR 概念范畴的界定问题，建议采用一种可持续发展的视角来持续审视并广义概括其概念及内涵。ODR 是 ADR 依托 ICT 而形成的新型解纷机制是毋庸置疑的，③ 但互联网技术的创新与发展会与时俱进，ODR 的适用范围和价值功能也终将随着技术的发展而与网俱进。正如“实践是理论的基础，是理论的出发点和归宿点，对理论起决定作用，理论

---

① See Ethan Katsh and Janet Rifkin, *Online Dispute Resolution*: *Resolving Conflicts in Cyberspace* (San Francisco: Jossey-Bass, 2001), pp. 11 ~ 12. 转引自高兰英：《在线争议解决机制（ODR）研究》，中国政法大学出版社 2011 年版，第 28 页。

② United Nations. *United Nations Commission on International Trade Law YEARBOOK Volume XLIII*: 2012 (Vienna: United Nations Office, 2015), p. 439.

③ See Maria Mercedes Albornoz and Nuria Gonazalez Martin, “Feasibility Analysis of Online Dispute Resolution in Developing Countries,” 44: 1 *University of Miami Inter-American Law Review* (2012): 44.

必须与实践紧密结合，理论必须接受实践的检验，为实践服务，随着实践的发展而发展。”[①] ODR 的现代广义概念学说能够很好地将理论与实践相结合，能够紧密结合信息技术的创新发展和实践场域的扩展扩容，不断充实完善 ODR 的内涵外延，真正使 ODR 成为与时俱进、与网俱进、与人俱进的新时代线上多元解纷系统。

本文支持 ODR 的现代广义概念，认为 ODR 是依托信息与通信技术（ICT）实现定分止争的线上多元解纷系统。本文秉承可持续发展的研究视角对 ODR 进行实践创新、理论创新、价值创新研究。如果将 ODR 的概念限定于 Online ADR 的范围内会限制对 ODR 的长远发展研究，且不符合互联网时代的创新思维及发展战略；反之，采纳 ODR 的现代广义概念学说更能符合时代发展的眼光，更能充分整合 ODR 在我国民间非诉解纷、司法审判系统、政务服务体系中的创新应用成果与科学理论研究。通过协同开展互联网技术与 ODR 应用的可持续发展研究，将有助于稳步建立我国 ODR 的框架模型和治理体系，逐步拓宽我国数字治理格局的研究进路，从而为我国网络空间治理体系与治理能力的现代化发展提供可持续、可借鉴、可嫁接的理论研究和实践成果。

---

① 赵家祥：《理论与实践关系的复杂性思考——兼评惟实践主义倾向》，《北京大学学报（哲学社会科学版）》2005 年第 1 期。

三、线上纠纷解决机制的核心特性

（一）便捷性

ODR 打破了传统的空间局限和时间局限，当事人可以通过移动终端设备实现全流程、全天候的线上解纷操作。在依托互联网应用技术的基础上，ODR 的解纷程序有效省去了传统线下解纷模式的物理空间要素，当事人之间也无须为了约定一次面对面的线下沟通而舟车劳顿。如今，纠纷当事人仅需一部手机或者一台笔记本电脑就能全面实现 ODR 的便利服务，让传统线下的面对面解纷程序凝练于“指间解纷”的新模式，这样不仅便于当事人自己的实际操作，也更能体现 ODR 化解权利冲突的程序便捷优势。ODR 的执行模式不仅具有同步沟通式的解纷模式，即当事人可以通过约定时间和指定交流平台，分别从异地进行线上登录开展即时的多方联通交流；而且 ODR 还提供了可选择的异步沟通式的解纷模式，如果当事人受限于时间因素不能与对方开展实时在线沟通，异步解纷可以灵活地为当事人提供切实可行的维权方式。异步解纷流程只需要纠纷当事人能够在解纷平台预先限定好的时间范围内与对方进行沟通答复，也可以通过更加灵活弹性的全天候操作平台、片段式操作流程、简洁化操作模式实现定分止争，真正体现出 ODR 的操作便捷性和程序便捷性。

（二）高效性

ODR 为当事人提供了“低成本、短周期”的高效解纷途径，充分彰显出科技支撑对多元化纠纷解决机制的数字赋能与提质增效。ODR 通过为纠纷当事人提供“屏对屏”的线上解纷模式，既节省了线下解纷流程中当事人要投入的个人时间成本和额外经济支出，又缩短了整个定分止争的维权解纷周期。简洁高效的 ODR 操作流程秉承以人民为中心的服务理念，为有解纷需求的当事人提供易理解、易操作、易维权的线上解纷新路径。相较于传统的线下解纷模式，ODR 的操作程序充分展现出互联网应用技术的虚拟性和高效性，将线下解纷流程移步到网络空间后，ODR 在非诉领域以及司法系统内的适用范围和解纷（诉讼）质效得到显著扩大与提升，为有效缓解“诉讼爆炸”和避免“迟来正义”的消极境况发生作出应有贡献。

（三）缓和性

ODR 的缓和性分为两层含义：第一层含义是基于 Online ADR 所提供的非诉讼解纷模式与司法诉讼程序相对的缓和性；第二层含义是基于 ODR 所提供的线上化异地解纷服务和异步解纷流程可以为纠纷当事人提供更缓和的沟通途径。一方面，经当事人合意使用 Online ADR 作为解纷途径意味着排除了对抗性强的诉讼程序而选择了相对缓和的非诉解纷路径，Online ADR 通过聘用专业的调解员来提供解纷服务以达到当事人满意的最终结果，继而达到双赢的局面，若双方处于合作关系也有助于维系当事人之间的长久合作关系；另一方面，ODR 平台通过线上化的异地解纷途径和异步解纷流程，为当事人之间的答复模式提供充足的时间以做好答复内容准备，避免因同步协商的紧张氛围而冲动答复，更能有效避免当事人因见面沟通不畅或直面言语冲突而致使纠纷恶化等消极境况发生。

（四）自治性

ODR 的自治性分为两层含义：第一层含义是意思自治；第二层含义是网络空间自治。首先，ODR 遵从意思自治原则。ODR 是被动式介入的解纷模式，唯有当事人达成合意或单方主动提请才会开始程序介入，充分尊重个体寻求权利救济模式的选择权。其次，ODR 可以为有解纷需求的纠纷当事人提供多元化的线上解纷模式，充分发挥 ODR 多元共治的互联网治理格局优势，竭力将涉及互联网内容的矛盾纠纷全部化解在网络空间中，以实现“线上纠纷线上解决”的网络空间自治模式和“以网治网”的网络空间源头治理模式，从而避免因繁杂的线上纠纷大量流入线下社会，影响到传统线下解纷模式的正常运行和解纷质效。

（五）时代性

ODR 是互联网时代科学发展与科技进步的时代产物，是具有信息化、数字化、智能化时代特性的新型解纷机制。在互联网信息技术的依托下，传统的线下解纷模式将物理空间中的权利救济方式移到了网络空间，在实现高效便捷的线上化操作流程的同时，为当事人提供了切实可行的成本低、周期短、质效强的异地解纷新模式，彰显出 ODR 依托互联网造福人民的时代性。ODR 的创新与完善不仅实现了非诉解纷模式的数字化创新，还开拓了司法诉讼程序的线上化发展，成功开辟了一条“通向数字正义”的全新路径。互联网时代的科技发展不断支撑着 ODR 开拓创新与追求正义，信息技术的精进与适用不仅赋予 ODR 探索我国数字治理的新使命与新担当，而且有助于推动 ODR 成为互联网时代专属的解纷新符号和正义新风尚。

第二节　我国线上纠纷解决机制的历史演进

中国接入世界互联网的历史时刻要追溯到 20 世纪 80 年代。1987 年 9 月 20 日，从中国向德国成功发出了第一封电子邮件“Across the Great Wall，we can reach every corner in the world.（越过长城，走向世界）”。[①] 在当今互联网时代看似不起眼的一封电子邮件，曾经却肩负着一个国家对科学技术发展的探索使命，承载着整个民族对世界科技强国的向往追求，记录着中国推开世界互联网大门的历史时刻。

纵观我国 ODR 的发展历程，我国 ODR 具有起步晚、发展快、应用广和质效强的实践特征。尽管域外国家 ODR 的起步与发展要早于我国。1999 年，美国 eBay 电商平台已经开始在网站客服页面放置了 ODR 的协助链接，eBay 为了给平台用户

① 1986 年 8 月 25 日，瑞士日内瓦时间 4 点 11 分 24 秒（北京时间 11 点 11 分 24 秒），中国科学院高能物理研究所的吴为民在北京 710 所的一台 IBM – PC 机上，通过卫星链接，远程登录到日内瓦 CERN 一台机器 VXCRNA 王淑琴的账户上，向位于日内瓦的 Steinberger 发出了一封电子邮件。1987 年 9 月，在德国卡尔斯鲁厄大学（Karlsruhe University）维纳·措恩（Werner Zorn）教授带领的科研小组的帮助下，王运丰教授和李澄炯博士等在北京计算机应用技术研究所（ICA）建成一个电子邮件节点，并于 9 月 20 日从北京向德国成功发出了一封电子邮件，邮件内容为“Across the Great Wall，we can reach every corner in the world.（越过长城，走向世界）”。《1986 年～1993 年互联网大事记》，中国网信网：http://www.cac.gov.cn/2009－04/10/c_ 126500533.htm，访问日期：2021 年 6 月 2 日。

提供线上化的解纷模式，将平台内的交易纠纷外包给第三方平台 UP4Sale 的解纷机制以实现纠纷的定向处理；[①] 2000 年，新加坡建立了全球首个具有在线调解功能的网络法庭（Cybercourt），[②] 即使当事人以及由法官担任的调解员仅能通过 Email 开展调解工作而非诉讼程序，但经当事人同意后，其纠纷也可以直接递交至新加坡小额索赔法庭；[③] 同年，欧盟理事会针对电子商务交易过程中引起的矛盾纠纷建立了“一站式”在线争议解决平台“欧盟消费者中心网络”（The European Consumer Centers Network，简称 ECC-NET），并于 2013 年 5 月通过了《欧洲消费者 ODR 条例》以实现为欧盟成员国消费者提供更高水平的权益保护和更加规范的制度建设。[④] 域外国家从实践创新的角度推动 ODR 的学理研究进度的确早于我国。但是，在互联网技术腾飞的 20 年间，我国 ODR 的飞速发展与广泛应用真正克服了国内互联网技术发展相对较晚的现实因素，开拓了 ODR 在司法系统内部设立互联网法院的创新格局，实现了 ODR 在发展速度与技术水平上的弯道超车，也逐步见证了 ODR 从技术落后到引领世界的六个发展阶段。

---

① 张欣：《中国电子商务纠纷在线治理研究》，《北京航空航天大学学报（社会科学版）》2014 年第 1 期。

② See Cheri M. Ganeles, “Cybermediation: A New Twist on an Old Concept,” 12: 2 *Albany Law Journal of Science & Technology* (2002) 715.

③ Gabrielle Kaufmann - Kohler and Thomas Schultz, *Online Dispute Resolution: Challenges for Contemporary Justice* (Hague: Kluwer Law International, 2004), p. 40.

④ 郑维炜、高春杰：《“一带一路”跨境电子商务在线争议解决机制研究——以欧盟〈消费者 ODR 条例〉的启示为中心》，《法制与社会发展》2018 年第 4 期。

一、第一阶段：线下 ADR 向线上 ADR 模式转变

我国 ODR 发展的第一阶段，旨在形成从线下 ADR 到线上 ADR 的模式化转变。在我国 ODR 的初期发展阶段，在线协商、在线调解和在线仲裁是最典型的解纷模式。[①] 鉴于互联网 1.0 时代的信息与通信技术（ICT）相对匮乏，只能初步依托互联网 ICT 将传统线下 ADR 的模式向互联网环境中搭建线上化或在线的 Online ADR，为远距离民事纠纷和涉网纠纷提供信息化的沟通渠道和数字化的非诉路径。随着我国互联网 ICT 的蓬勃发展，ODR 逐渐出现了由政府授权或委托的第三方平台进行纠纷化解的完全托管式解纷平台。[②] 中立第三方 ODR 平台通过为维权主体提供在线的法律咨询与解纷服务，真正实现了依托"第四方"ICT[③] 快速化解矛盾纠纷，有效维护了当事人在线下与线上双重空间中的合法权益。

2000 年 12 月，中国国际经济贸易仲裁委员会（China International Economic and Trade Arbitration Commission，简称 CIETAC）网上争议解决中心（Online Dispute Resolution Center，简称 ODRC，网址：www. odr. org. cn，原贸仲委域名争议解决

---

① 郑世保：《在线解决纠纷机制的类型化研究》，《郑州大学学报（哲学社会科学版）》2014 年第 5 期。

② 汪基强、张波、李安渝、唐红波、张道阳：《我国电子商务消费纠纷 ODR 发展研究》，《中国市场监管研究》2019 年第 2 期。

③ 方旭辉、温蕴知：《互联网 + 时代：引进网上纠纷解决机制 ODR "第四方"的契机——以 smartsettle 为例》，《企业经济》2015 年第 8 期。

中心）的成立正式拉开了我国 ODR 理论探索与实践应用的序幕。CIETAC 为互联网域名抢注、通用网址抢注、无线网络抢注以及短信网址抢注纠纷提供了新颖的中立第三方 ODR 解纷平台。以解决中国域名争议为例，投诉人可以结合电子邮件与传统邮寄二合一的通信方式向域名争议解决中心秘书处提交投诉书提请 ODR 服务。整个行政程序分为六部分：（1）投诉人向 CIETAC 域名争议解决中心秘书处提交投诉书；（2）CIETAC 域名争议解决中心秘书处向所涉 . CN 域名和 . 中国域名注册/持有人发出投诉通知，并转去投诉书及证据材料副本；（3）域名注册/持有人提交答辩书；（4）CIETAC 域名争议解决中心秘书处根据案件情况，确定一名专家或三名专家组成专家组，专家组负责进行相关行政程序，并就所涉争议作出裁决；（5）专家组作出裁决；（6）如果专家组裁决要求将所涉 . CN 域名和 . 中国域名予以注销或转移，裁决即应得到执行。整个 ODR 解纷程序及流程所需时间将控制在 60 天以内，足以体现其相对于司法诉讼程序的高效性与便捷性。[①] 在审理纠纷案件的进程中，根据《国家顶级域名争议解决办法》第十二条的规定，在域名争议解决程序中，除域名注册服务机构根据争议解决机构的要求提供与域名注册及使用有关的信息外，中国互联网络信息中心和域名注册服务机构不以任何身份或者方式参与争议解决程序。由投诉人提请的所有网络域名纠纷均交由专

---

① 《中国域名争议常见问题》，中国国际经济贸易仲裁委员会域名争议解决中心网，http：//www. odr. org. cn/web/domainDispute. action? mz07. infoType = 1&mz07. textType = 1&mz07. CNEN = 1，访问日期：2019 年 12 月 19 日。

家组进行审理，充分保障其作为第三方 ODR 平台的中立性以及案例审理结果的公正性。不仅如此，当事人一方认为某专家与对方当事人有利害关系，有可能影响案件的公正裁决的，也可以在专家组作出裁判前向机构提出，以保障当事人享有申请回避的权利；在整个解纷流程的任何一个阶段，投诉人或者被投诉人均可以就同一争议向中国互联网络信息中心所在地的中国法院提起诉讼，同步保障当事人的诉讼权利，从而证成 ODR 的建设与适用是真正符合以人民为中心的线上解纷路径、以司法为中心的案件分流渠道、以法治为中心的创新发展格局的数字治理模式，而非是要替代传统线下解纷模式的错误认知。即使 ODR 的初创期是技术匮乏且模式简单的，但 ADR 与互联网 ICT 的创新融合真正为我国 ODR 的多元化发展、扁平化设计和精准化治理奠定了坚实基础。

二、第二阶段：电商平台内 ODR 实现平台自治

我国 ODR 发展的第二阶段，旨在由民营企业自发建成具有平台自治属性的民间 ODR。自 2003 年起，我国电子商务的迅猛发展促使互联网环境中的电商交易纠纷急速增长、电商环境中的解纷需求也与日俱增，涉网纠纷逐渐成为影响网民用户体验和探索网络空间法律规制的热点难题。面对初入互联网时代的新型纠纷痛点，倘若以“一刀切”的方式将所有互联网交易纠纷都诉诸线上第三方 ODR 平台或线下的人民法院，势必影响我国 ODR 初探阶段的解纷质效和发展潜力，或因占用

过多的司法资源引起“诉讼爆炸”、当事人“诉累”以及司法公信力降低等消极境况发生。因此，探索与创新具有线上化、便捷化、高效化的源头解纷模式或将成为破解电商纠纷激增、解纷质效降低、司法资源紧缺的关键因素。

进入互联网2.0时代，电商交易纠纷对我国传统的多元解纷机制造成严重冲击之时，国内两家电商平台京东和淘宝率先担起平台电商纠纷内部化解的技术创新和解纷重担。当电商平台内部出现B2C或C2C交易纠纷，纠纷双方通过合意选择平台客服作为化解矛盾纠纷的解纷路径后，平台客服即可担任ODR的调解员，充分发挥ODR在异步（或同步）解纷流程中的优势所在，即通过互联网ICT实现当事人从“面对面”到“屏对屏”的解纷方式创新，避免纠纷人员因面对面沟通不畅而引起的言辞过激或情绪过激，致使问题简单的矛盾纠纷趋于情绪化、复杂化发展；作为ODR调解员的客服人员还可以通过解纷平台的技术流程设计，自主地、合理地选择并安排纠纷双方的沟通方式，既可以邀请纠纷人员统一进入同一聊天室进行同步协商交流，又可以通过与当事人进行单独的异步的沟通方式，分别了解矛盾双方的和解要求或具体底线，从而间接引导当事人和平、快速、缓和且满意地化解矛盾纠纷，达成和解协议。

具体来说，京东客服会以解纷专员的身份协助处理用户的交易纠纷，在买卖双方履行举证责任后，将按照交易纠纷规则对相应纠纷作出具体处理；没有明确规定的，将由京东客服依其独立判断作出在线仲裁。同理，淘宝不仅与京东同样拥有客服专员提供解纷服务的“淘宝小二”ODR模式，还创新搭建出具有陪审团功能的“大众评审”ODR平台。大众评审式的ODR能够通过汇集网民的群体智慧，让民意推动决策，让民力参与治理，以人人参与的互联网民主形式实现平台自治的解纷效能。由此可见，我国民营企业或民间自发建成的民间ODR，在其创新模式与运行机理等方面中更能针对网络用户的切身需求和真实反馈进行解纷机制的建设与完善，充分发挥互联网民主功能在互联网维权模式和网络空间治理中的权重占比和法理内涵。以搭建更加贴近网络用户互联网行为的线上维权路径为创新起点，不断探索更加符合我国互联网环境和网民使用习惯的新型解纷机制，加快构建我国共建共治共享的互联网治理格局，并逐步实现“线上纠纷线上解决”的互联网源头治理愿景。

三、第三阶段：ODR初入我国智慧法院建设

我国ODR发展的第三阶段，旨在司法系统内部推动并实现信息化与数字化建设的司法ODR。“互联网+司法”的创新理念出现以前，ODR仅涉及Online ADR的概念范畴，通俗易懂且普世性强。但随着互联网ICT在司法系统内的技术支持与模式创新，ODR的概念理应突破其私力救济Online ADR的传统非诉范畴，创新融入具有公力救济的线上司法诉讼范畴，使其成为集司法系统内部ODR（司法ODR）与司法系统外部ODR（非司法ODR或民间ODR）于一体的双轨制ODR发展

格局。基于数字时代的科技进步与信息技术的应用突破，ODR通过融合信息化的科技支撑和现代化的创新实践，成功构建了集司法系统内部与司法系统外部互联互通、互动互补的 ODR 治理体系，实现了 ODR 概念从狭义到广义的首次飞跃。

“智慧法院是人民法院充分利用先进信息化系统，支持全业务网上办理、全流程依法公开、全方位智能服务，实现公正司法、司法为民的组织、建设和运行形态。”① 建设智慧法院的目标是：通过推进法院信息化建设的转型升级，② 有序推动司法行政与审判支持意义上的“内部智慧法院”（Internal w-Court）建设；以及为法院和诉讼参与人之间的法律交往提供服务的“外部智慧法院”（External w-Court）建设，以内外兼修的信息化进程实现审判体系和审判能力的现代化。③ 遵循司法公正和诉讼效率是“智慧法院”建设的核心理念。从“内部智慧法院”建设的角度来看，信息化的案件管理系统、电子卷宗生成以及电子诉讼信息的共享与交换功能真正提升了司法行政的办公效率，秉承了绿色环保的发展理念，实现了信息资源的共享交换等现代化优势成果；从“外部智慧法院”建设的角度来看，一方面，智能化司法辅助系统通过对司法审判

① 《最高人民法院发布关于加快建设智慧法院的意见》，中国网信网，http：//www. cac. gov. cn/2017 －04/28/c_ 1120891044. htm，访问日期：2019 年 5 月 3 日。

② 从人民法院信息化建设 1.0 阶段的法院内部基础建设到推动建设外网网站并建设智慧法院的 2.0 阶段，再到进入“嵌入式数字化管理”和“互联网 +”的 3.0 阶段。

③ 蔡立东：《智慧法院建设：实施原则与制度支撑》，《中国应用法学》2017 年第 2 期。

的大数据智能分析能够促进类案同判和量刑的规范化，通过了解法官和群众的实际需求，加大智能审判支持、庭审语音识别、文书智能编写纠错等现代化服务体系。另一方面，电子法院的线上诉讼模式为纠纷当事人提供了足不出户即可实现"指间诉讼"的便捷模式，融贯于整个诉讼流程的信息化建设，高效建成了司法审判与执行的全流程网上办理，以及信息录入与变更的全时段线上留痕。最高人民法院的数据显示，2019 年全国 97.8% 的法院均已支持网上立案，全国共有 2320 家法院支持网上证据交换，全国支持网上开庭的法院共有 2018 家，且 2019 年全国法院庭审直播次数高达 3903771 次。① 由此可见，具有丰富价值内涵的司法 ODR 正在全国范围内加大推广普及力度，以构建人民法院的全业务网上办理、全流程依法公开、全方位智能服务为创新发展理念，进而稳步推动司法 ODR 成为司法审判系统信息化建设的创新指引，实现接近数字正义（Access To Digital Justice）的全新路径。

四、第四阶段：我国互联网法院的全球首创到两年三立

我国 ODR 发展的第四阶段，旨在彰显我国互联网法院的创新设立，即首次超越了域外国家 ODR 的创新进程，掌握了引领世界 ODR 发展格局的话语权和主动权。2017—2018 年，我国分别在杭州、北京、广州三地设立了互联网法院。通过集

① 《法治蓝皮书：中国法院信息化发展报告 No. 4（2020）》，中国皮书网，https：//www. pishu. cn/zxzx/xwdt/550177. shtml，访问日期：2020 年 10 月 8 日。

中管辖所在市辖区内涉及互联网内容的民事案件和行政案件的管辖模式，建立智慧法院中的专门法院。[①] 互联网法院作为我国司法 ODR 中全面实行起诉、调解、立案、举证、质证、庭审、宣判、送达、执行等诉讼全流程网络化的专门法院，既体现了我国 ODR 在司法领域的创新实践能力，又展现了中国 ODR 引领世界首创的科技支撑水平。然而，从辩证的视角出发，我国三家互联网法院的成功设立以及线上审判的质效成果，的确彰显了我国 ODR 在积极探索“以网治网”和“线上纠纷线上审理”的司法审判模式上的全球首创与世界领跑，积极通过推进国家治理体系与治理能力的现代化发展为全球互联网治理体系提供最前沿的、可借鉴的“中国经验”。

反之，我国互联网法院的两年三立也严肃警示我国网络空间中的权利冲突现象正在呈现爆发式增长趋势，愿意诉诸审判机关的诉讼请求也在不断呈现猛增趋势。有关互联网司法的数据统计显示，截至 2019 年 10 月 31 日，杭州、北京、广州互联网法院共受理互联网案件 118764 件，审结 88401 件，在线立案申请率为 96.8%，全流程在线审结 80819 件，在线庭审平均用时 45 分钟，案件平均审理周期约 38 天，比传统审理模式分别节约时间约五分之三和二分之一，一审服判息诉率达 98.0%，审判质量、效率和效果呈现良好态势。[②] 互联网法院

---

① 邓恒：《如何理解智慧法院与互联网法院》，载《人民法院报》2017 年 7 月 25 日，第 2 版。

② 中华人民共和国最高人民法院编：《中国法院的互联网司法》，人民法院出版社 2019 年版，第 6 页。

初创期的数据成果在缩短诉讼周期、便利当事人、提升审判质效等方面的确展现出了依托互联网技术后的显著优势。同期，甚至有类似“电子诉讼等线上的解纷模式是否要取代传统线下的解纷路径”的消极猜想出现，毕竟互联网法院所提供的法庭模式是通过电子设备荧屏显现和信息通信软件应用构建而成的虚拟与现实相结合的线上法庭，而传统物理空间的法庭严肃性和庄严性在无形之中均被衰减，[①] 致使传统法院的消极舆论频频出现。然而，从人民法院信息化建设的发展路径来看，“互联网法院是智慧法院建设的一种，承担着网络时代诉讼流程的再造与创新”，[②] 更肩负着实现司法全面公开的时代使命，[③] 并非具有“取代”或“替代”传统线下法院的全面改革之意。互联网法院是以“线上案件线上审理”的审判逻辑为核心要义，通过优化司法 ODR 全流程线上审理的诉讼程序，强化 ODR 在网络空间治理格局中的公力救济范畴，细化同步及异步的创新审理模式，有效实现了短周期、高质效、高满意度的司法 ODR 口碑，进一步证成了司法 ODR 的确具有“接近数字正义”的法理内涵。

---

① 段厚省:《远程审判的双重张力》,《东方法学》2019 年第 4 期。

② 洪冬英:《司法如何面向“互联网 +”与人工智能等技术革新》,《法学》2018 年第 11 期。

③ 于志刚、李怀胜:《杭州互联网法院的历史意义、司法责任与时代使命》,《比较法研究》2018 年第 3 期。

五、第五阶段：网络空间治理体系的 ODR 联动机制

我国 ODR 发展的第五阶段，旨在系统整合我国 ODR 的治理体系及内容架构，实现从单一到多元、从局部到整体、从解纷到治理的理论创新和格局突破。提升网络空间治理是推进国家治理体系和治理能力现代化的必然要求，[①] 是打造互联网环境制度化和法治化的前提基础，更是营造清朗网络空间和人文网络生态的核心内涵。ODR 是伴随互联网时代的发展需要而产生的新型解纷机制，是依托互联网信息技术实现定分止争的高效执行模式，更是为网络空间治理提供新理念新养分新样本的"试验田"。因此，ODR 的理论范式与实践范畴理应随着互联网信息技术和国家治理体系的创新完善而日新月异，而非因限制 ODR 的概念发展与形式创新而因循守旧。

网络空间治理为 ODR 提供了扩充其广义概念的二次飞跃。习近平总书记指出，"网络空间是亿万民众共同的精神家园"。[②] 面对日益突出的网络诈骗、网络谣言、侵犯隐私、窃取数据等新型侵权行为，以及暴力色情涉非的不良网络内容不断侵蚀网络空间，我国亟须重点加强网络空间治理体系与治理能力现代化、规范化、法治化的理论研究与实践探索，加快推动以多元

---

① 任贤良：《推进网络空间治理体系和治理能力现代化》，载《光明日报》2019 年 12 月 25 日，第 7 版。

② 《习近平：网络空间是亿万民众共同的精神家园》，中国网信网，http://www.cac.gov.cn/2016-04/20/c_1118679396.htm，访问日期：2017 年 12 月 20 日。

共治的治理模式保卫我们的精神家园。网络空间的法治化发展需要广大网民的齐心协力与众志成城，只有持续激发全网社会的责任感和使命感、培养人人参与的主人翁意识、构建体系化的法律规制和治网格局，才能加快促进网络空间天朗气清、惠风和畅。我国网络空间治理体系在21世纪互联网技术的全面支持下，突破了政府中心化的单一治理模式，取而代之的是融合了“数字政府”[①]“网络平台”“行业组织”“网民参与”等多元主体的“去中心化”的共同治理模式。新的治理体系充分发挥了多元治理主体的优势所在，不仅拓宽了ODR在信息监管、舆情监测、权利归属、定分止争、行为规范等跨领域的理论范畴和实践导向；而且预设了对我国ODR系统化工具模型的多维度分析架构，以及对我国ODR数字化解纷质效的多视角综合考量。多元共治的治理模式为普及和应用我国ODR处理涉网权利冲突提供了更加周全的联动机制和更加严密的治理体系，基于此，才能更有效地探索并深挖ODR“线上纠纷线上解决”和“以网治网”的潜力，进而加快推进ODR成为与时俱进、与网俱进、与人俱进的现代化治理格局，为国家治理体系和治理能力的现代化发展注入新鲜血液、增添新生力量。

---

① 鲍静、贾开：《数字治理体系和治理能力现代化研究：原则、框架与要素》，《政治学研究》2019年第3期。

六、第六阶段：新冠肺炎疫情激发 ODR 成为疫情期间的唯一解纷途径

我国 ODR 发展的第六阶段，旨在突出 ODR 在新冠肺炎疫情暴发期间有效缓解线下多元解纷路径的全面停工境况。2020 年新型冠状病毒（Corona Virus Disease 2019，COVID-19）席卷全球，当新冠肺炎疫情暴发之际，传统的线下权利救济方式被迫全盘停滞待工。为了及时开辟切实可行的救济路径，唯有寻求并依托互联网技术支持的线上救济路径，加大对我国 ODR 的推广宣传和广泛适用才能真正实现即刻挽救线下多元解纷路径的瘫痪困境。新冠肺炎疫情对传统线下救济途径造成了全局性的冲击，但唯有 ODR 在逆境中异军突起。ODR 不仅在疫情期间成功践行了多元化纠纷解决机制的线上化适用模式，还借此加大了 ODR 的宣传力度和应用广度，真正通过互联网 ICT 成功帮助线下的解纷模式重新开启线上化的救济途径，为迟迟未能实现定分止争的权利冲突提供高效便捷的线上“快车道”，激发 ODR 成为疫情暴发期间能够实现权利救济的唯一路径，并赋予其从 O（Online）DR 到 O（Only）DR 的更高使命和更深意涵。①

我国人民法院的信息化建设成果，即司法 ODR，在突如

---

①《方旭辉教授在国际 ODR 组织 NCTDR 网站上发文：ODR 助力防疫复工》，众信网，https：//www. ebs. org. cn/DynamicsDetails/4b7b0c27 – ed36 – 49ab – 998b – fa4dc931527e，访问日期：2020 年 7 月 8 日。

其来的新冠肺炎疫情面前展现出了未雨绸缪与有备无患的创新工作意识。新冠肺炎疫情在我国暴发初期，最高人民法院便及时印发了《关于新冠肺炎疫情防控期间加强和规范在线诉讼工作的通知》（以下简称《通知》），对全国法院推进在线诉讼做出全面动员，提出明确要求，明确具体规则，指导和规范各级人民法院疫情防控期间有序开展在线诉讼工作。推进在线诉讼作为坚决打赢防控疫情人民战争、总体战、阻击战的重要举措，积极依托中国移动微法院、诉讼服务网、12368 诉讼服务热线等在线诉讼平台，全面开展网上立案、调解、证据交换、庭审、宣判、送达等在线诉讼活动，有效满足疫情防控期间人民群众的司法需求，确保人民法院审判工作平稳有序运行。[①]《通知》不仅对各地法院推进在线诉讼（司法 ODR）的组织实施提出具体要求，还对杭州、北京、广州三家互联网法院在线诉讼工作（司法 ODR）提出专门要求，强调要加大探索力度，提升智能化审判水平，探索完善电子诉讼规则，有效确立互联网司法治理实体规则，充分发挥在理念创新、技术创新、制度创新等方面的引领示范作用。[②]

以北京市为例，疫情发生前，北京市各级人民法院已经在信息化服务体系中建立了手机移动端的统一立案平台“北京移动微法院”微信小程序，提供了具有诉讼指南、文书公开

① 《关于新冠肺炎疫情防控期间加强和规范在线诉讼工作的通知》，国务院新闻办公室网，http：//www. scio. gov. cn/xwfbh/xwbfbh/wqfbh/42311/42602/xgzc42608/Document/1674055/1674055. htm，访问日期：2020 年 4 月 8 日。

② 孙航：《最高人民法院印发通知要求各级法院加强和规范疫情防控期间在线诉讼工作》，《人民司法》2020 年第 7 期。

等便民诉讼服务的“北京法院诉讼服务”微信公众号；北京互联网法院也搭建了电子诉讼平台和非诉调解平台为北京市内的涉网案提供集中管辖服务；法院审判信息网同步设置了在线立案通道“北京法院预约服务平台”微信小程序。多元的信息化路径为北京市民提供了触手可得的司法 ODR 服务，从信息化、数字化、智能化的角度拉近了百姓接近正义的直线距离。

疫情发生以前，司法 ODR 的宣传和应用并未受到百姓的过多关注，但新冠肺炎疫情的突发，反而为我国 ODR 在全国范围内的宣传和适用提供了绝佳的发展契机，也对进一步系统搭建我国 ODR 的信息化建设和智能化应用提出了更紧迫的发展规划。新冠肺炎疫情发生后，北京全市法院暂停了现场立案、诉讼服务和信访接待等线下工作，所有三级法院的立案均要求通过北京法院审判信息网或“北京移动微法院”信息平台进行网上立案，北京市各普通法院也要通过“北京云法庭”客户端开展在线庭审工作。[①]“北京云法庭”软件目前已支持手机端、电脑端、微信小程序等多种登录模式，当事人在使用过程中可以实现案件信息同步、庭审过程记录、庭审身份核实、庭审笔录生成、电子证据上传、举证质证等多项服务，[②]

---

① 《北京市第三中级人民法院关于新型冠状病毒感染肺炎疫情防控期间审判执行工作安排的公告》，北京法院网，http：//bjgy. chinacourt. gov. cn/article/detail/2020/02/id/4789086. shtml，访问日期：2020 年 4 月 8 日。

② 《云法庭，让老百姓享受“技术＋服务”的司法红利》，百度网，https：//baijiahao. baidu. com/s？id＝1689909576439072691&wfr＝spider&for＝pc，访问日期：2021 年 5 月 3 日。

真正体现了我国司法 ODR 以人民为中心的司法服务理念和以司法为中心的智能审判模式。最高人民法院也在疫情期间将北京互联网法院的处理经验作为“标准操作样本”提出，供全国法院借鉴并做好逐步在全国范围内形成在线诉讼服务的新常态。[①] 从积极的视角观察可见，新冠肺炎疫情的突发以及线下解纷的程序障碍，或将为我国 ODR 的研究与判断、宣传与推广、创新与发展、完善与精进提供了绝佳的历史机遇，为构建我国 ODR 的全国通用系统、数字治理范式、线上解纷思维提供了绝妙的发展时刻，甚至为打造世界 ODR 的全球数字治理共同体提供了方向引领。

第三节　我国线上纠纷解决机制的应用场景

我国 ODR 最初在化解线上纠纷的应用场景中，仅限于网络域名纠纷和电商交易纠纷。例如，中国国际经济贸易仲裁委员会网上争议解决中心（CIETAC-ODRC）仅适用于解决互联网技术初期可见的初级域名争端；淘宝平台内部的“淘宝小二”“大众评审”仅限于化解发生在电商平台内部的交易纠纷。随着互联网技术的迭代进步，互联网、大数据、人工智能、“互联网 +”等信息技术逐步实现创新发展与广泛应用，新型网络社会中的矛盾纠纷开始剧增，涉及互联网内容的纠纷化解难度也日益加大，网络侵权纠纷、知识产权纠纷、金融消

---

① 陈卓、郑烨烨：《后疫情时代互联网在线诉讼常态化》，搜狐网，https：//www. sohu. com/a/427864080_ 120054445，访问日期：2021 年 5 月 21 日。

费纠纷等新型权益冲突开始展露在大众眼前。当传统线下的社会治理模式开始受限于物理空间的操作局限，难以及时化解网络空间中的权益冲突时，我国 ODR 充分展现其“以网治网”的精准对策型解纷机制，为涉网纠纷提供更加高效便捷的互联网源头治理新模式。随着网络舆情监测和数字政务服务的信息化内容建设，以及数字化操作流程的创新融合，我国 ODR 有效构建了集舆情监测与纠纷预防的主动防御系统，为互联网用户提供更加多元化、本土化的 ODR 服务，更为百姓搭建了直达数字政务服务的互联网“快车道”，拉近了人民群众与政府部门从“空间”到“指间”的距离感。

一、网络域名纠纷

网络域名纠纷是进入互联网时代后出现的首类涉及互联网内容的权益纠纷。2004 年 12 月 20 日起施行的《中国互联网络域名管理办法》（信息产业部令第 30 号）① 第三条第一款，将域名定义为“是互联网络上识别和定位计算机的层次结构式的字符标识，与该计算机的互联网协议（IP）地址相对应”。最初的域名设计初衷只是通过设计电子地址来识别商业品牌，这种方便快捷的识别特性很快展现出对于品牌宣传与推

① 自 2017 年 11 月 1 日起施行《互联网域名管理办法》（以下简称新《办法》）后，原信息产业部 2004 年 11 月 5 日公布的《中国互联网络域名管理办法》（以下简称老《办法》）（原信息产业部令第 30 号）同时废止，新《办法》中第五十五条第一款对域名的定义同老《办法》中第三条第一款内容。

广的巨大商业价值。基于域名的专有性和国际性，每个域名的成功注册都将代表着其在国际互联网空间中的唯一属性。[①] 鉴于域名注册都是按照“先申请先注册”且不受理域名预留的注册顺序原则，这种优先独占的域名归属权利的产生往往会被巨大的经济利益逆向驱动。域名抢注、域名盗用、[②] 域名与商标冲突等网络域名纠纷开始频频出现，[③] 也正是因为这种前所未有的互联网矛盾纠纷屡次成为民事权益纠纷的新问题和新焦点，这才真正让人们意识到能够将实体产业与虚拟空间相联结打通的互联网技术其实是把“双刃剑”。

新型互联网矛盾纠纷的出现势必会激发新的解纷需求和解纷途径。2000 年 12 月，中国国际经济贸易仲裁委员会（贸仲委）域名争议解决中心的成立真正打开了我国通过线上仲裁模式规范化解网络域名纠纷的 ODR 新路径，也为我国 ODR 的实践与发展打下了坚实基础。时至今日，贸仲委网上争议解决中心（贸仲委域名争议解决中心）依旧为广大互联网用户提供 ODR 服务且网站也在正常运营。贸仲委网上争议解决中心 2020 年共受理域名争议案件 143 件，其中涉及 . cn/. 中国域名争议案件 59 件，gTLD（Generic top-level domain）通用顶级域名争议案件 84 件，共审结案件 116 件。依旧在化解网络域名

---

① 张恩乐：《网络时代域名纠纷相关问题解析》，《中国商界（下半月）》2008 年第 3 期。

② 周清华、强兆枫：《对域名问题的法律思考》，《当代法学》2003 年第 12 期。

③ 赵敏洁：《论网络域名的知识产权保护》，《沈阳大学学报（社会科学版）》2012 年第 6 期。

权利冲突的纠纷上发光发热，为我国 ODR 的可持续发展贡献了丰厚的宝贵经验和实践价值。随着网络空间治理进入规范化与法治化，2017 年 11 月 1 日起正式施行的《互联网域名管理办法》第四十二条明确规定："任何组织或者个人认为他人注册或者使用的域名侵害其合法权益的，可以向域名争议解决机构申请裁决或者依法向人民法院提起诉讼。"法律制度的有序完善不断鼓励和支持网络用户通过使用民间 ODR 和司法 ODR 等更加规范的路径解决网络域名纠纷，这更为我国 ODR 的制度化建设、体系化发展和法治化进程积累了宝贵经验。

二、电子商务纠纷

电子商务推动了跨区域和跨境交易的高速发展，为全球经济一体化发展搭建了数字桥梁。电子商务的产生为全球的网络用户带来了全新体验的商务福音，使消费者足不出户即可感受全球产业链带来的线上化购物服务体验；企业通过连入互联网即可开拓世界级的市场渠道，实现从区域化经济到全球化经济的市场规模提升。B2B、B2C、C2C 是当前网络社会最为主流的三种电子商务模式。电子商务突破了传统物理空间的运营模式局限，通过依托互联网的技术支持，有效实现了企业与个人之间相互形成跨地区或跨国境的在线交易模式。电子商务在促进传统产业向网络空间拓展新兴市场的同时，还能通过整合各产业集群的市场化商业资源，有效形成具有全球一体化发展的数字经济新模式。

随着互联网交易模式逐渐趋于扁平化设计，简洁方便的操作流程吸引了更多网络用户加入电子商务之中，主动参与线上购物的网民有增无减，从而导致涉及电子商务类的交易纠纷与日俱增。截至 2020 年 12 月，我国网民规模达到 9.89 亿，网络购物用户规模也高达 7.82 亿，占网民整体的 79.1%；手机网络购物用户规模达到 7.81 亿，较 2020 年 3 月增长了 7309 万，全年网上零售额达到 11.76 万亿元，较 2019 年增长 10.9%。自 2013 年起，我国已连续 8 年成为全球最大的网络零售市场。综上可见，便利的手机购物软件和移动支付方式几乎成为我国网购用户的“掌中宝”，随时随地可以通过指间的操作支配其消费行为，为拉动内需作出个人贡献。况且，我国拥有比第三大人口国家（美国）3.29 亿实际人口数量还多出一倍之多的庞大网购人群规模，庞大的用户基数和频繁的用户行为难免致使电子商务纠纷成为我国网络社会中屡见不鲜的民事纠纷。由此可以洞见，以科学的法治思维和法治方法为网民提供高效、便捷、公正、安全的线上维权路径或将成为提升网络购物用户体验、网络平台服务口碑以及网络空间法治建设的核心要素。

2019 年 1 月 1 日起施行的《中华人民共和国电子商务法》（以下简称《电商法》）推动了我国民间 ODR 的规范管理与法治保障。《电商法》第六十一条规定：“消费者在电子商务平台购买商品或者接受服务，与平台内经营者发生争议时，电子商务平台经营者应当积极协助消费者维护合法权益。”以及第六十三条规定：“电子商务平台经营者可以建立争议在线解决机制，制定并公示争议解决规则，根据自愿原则，公平、公正地解决当事人的争议。”《电商法》的实施推动了我国电商平台自主搭建并提供 ODR 作为其平台内的解纷机制，这不仅为消费者及时提供了高效便捷的维权解纷途径，而且还为进一步完善我国网络空间中的诉源治理以及互联网源头治理模式提供更加多元化、民主化、扁平化的创新思维方式和高效运行模式。因此，应用于化解电子商务纠纷的 ODR 真正实现了从民间的自治行为上升为权威的法治保障，以更加规范化的发展趋势使其成为满足互联网消费者解纷需求的必要渠道，充分展现 ODR 化解电商交易纠纷的诉源治理价值。

三、网络侵权纠纷

网络侵权纠纷是网络空间中侵害他人人身权、财产权等民事权益而产生的侵权责任纠纷，多以侵害自然人肖像权、名誉权、隐私权等人格权为表现形式。由于网络社交平台为广大网民提供了海量信息数据的互联网集散地，也正因为互联网 ICT 的传播速度快和传播范围广的技术优势，才致使个人行为的互联网言论及用户行为极易在网络空间中恶化成为网络侵权案件，并形成大范围的网络舆论场为权益主体带来负面影响。2014 年 10 月 10 日起施行的《最高人民法院关于审理利用信息网络侵害人身权益民事纠纷案件适用法律若干问题的规定》[①] 对网络侵害人身权益民事纠纷案件定义为，“是指利用信息网络侵害他人姓名权、名称权、名誉权、荣誉权、肖像权、隐私权等人身权益引起的纠纷案件”。民法典第一千一百九十四条也明确指出，“网络用户、网络服务提供者利用网络侵害他人民事权益的，应当承担侵权责任。法律另有规定的，依照其规定”。我国网络空间的法治化发展进程时刻提醒广大网友“网络空间不是法外之地”，即使通过虚拟的互联网 ID 行使侵害他人合法权益的互联网用户行为，也必将受到法律的严格制裁。因此，对于受到人身权益侵害且更愿意诉诸司法程序寻求公权力救济的当事人来说，司法 ODR 的创新模式与设立目标真正为网络侵权纠纷提供了高效便捷的同步（与异步）诉讼模式。司法 ODR 通过实现线上化的操作模式以及无纸化的立案流程，可以有效减轻因管辖权问题而导致的线下异地诉讼成本高、难度大的诉讼焦虑，为当事人提供公正高效权威的线上司法服务保障，让数字正义的全新模式净化网络空间。

四、知识产权纠纷

数字化经济产业的蓬勃发展对知识产权保护的法治建设提出了更高要求。从积极的角度考虑，知识产权纠纷的频繁出

---

① 《最高人民法院关于审理利用信息网络侵害人身权益民事纠纷案件适用法律若干问题的规定》，最高人民法院网，http：//www. court. gov. cn/fabu－xiangqing－6777. html，访问日期：2020 年 1 月 6 日。

现，预示着我国网民的法治意识正在逐步增强，越来越多的当事人愿意诉诸司法程序来保护知识产权；从消极的角度也清晰展现了我国知识产权纠纷正在呈现出持续增长的消极发展趋势。《国家版权局关于2020年全国著作权登记情况的通报》的数据显示，2020年全国著作权登记总量达5039543件，相比2019年的4186549件，同比增长20.37%。数字经济的高速发展对知识产权纠纷产生了巨大影响，数字化的应用模式和信息化的传播路径彻底改变了产品复制与传播的方式和途径，从而导致涉及知识产权的矛盾纠纷也成为互联网时代发展的消极衍生品。

据数据统计，2018年9月9日—2021年5月31日，北京互联网法院共受理案件102585件，涉及社交媒体平台的23781件，其中著作权侵权纠纷占比最高，为87.71%，其次为网络侵权责任纠纷，占6.81%。[①] 著作权争议往往表现为法律问题和专业问题的高度融合。一方面，著作权的权利内容涉及超出常识的专业知识，权利界定完全取决于法律规定，相较于有形财产更为抽象复杂，这使得著作权领域的法律更加难以充分理解和准确适用，具有更强的专业性；另一方面，在解决著作权争议时，除了需要准确适用知识产权领域的法律规范，还必须充分考虑相关领域的专业知识。例如，在涉及抄袭、剽窃、篡改的著作权侵权案件中，争议的焦点一般为权利人主张的“侵权作品”是否与原作品相同或高度相似。在解决这一类争

---

① 赵岩：《案件数量逐年攀升 侵权类纠纷绝对多数》，载《人民法院报》2021年6月6日，第4版。

议的时候，就需要熟悉文学、影视、音乐、计算机等领域的行业规范，掌握情节、构图、音源等要素同一性认定的专业标准。因此，相较于其他类型的争议和纠纷，著作权的相关争议往往对争议解决机制的法律专业性和技术专业性有更高的要求。在著作权侵权案件中，被擅自传播和泄露的原作品容易在短时间内大范围扩散；由于信息的不对称，普通用户在短时间内很难察觉侵权行为，从而容易在不知情的情况下获取、使用和赞赏那些篡改、抄袭原作品的侵权作品，使原作品蒙受经济和声誉上的损失。特别是在互联网高度发达的当今社会，一旦发生擅自传播、盗版、篡改、抄袭等著作权侵权行为，产生的危害后果很有可能在短时间内大幅加剧。这使得主张其著作权的主体往往期待尽快解决著作权争议。著作权中的财产性权利具有时效性，在一定时期内作品会受到法律保护，一旦超过著作权的保护期限，相关作品就会成为社会公共资源，为社会公众自由使用。为了最大限度地保障著作权权益的充分实现，著作权的权利人更倾向于诉诸能够提高解纷效率的救济途径，以更加高效便捷的解纷路径降低个人成本，以尽可能减少损失而保障其作品的合法权益。ODR 的核心特性与适用模式不仅能为著作权人的维权需求和维权选择提供易于适用且高效便捷的执行模式，还能为我国知识产权的数字化发展和法治化保障提供公平正义与质效至上的维权路径。ODR 正在以打造更加符合用户需要、更加贴切网民需求、更加呼应百姓诉求为核心服务理念的数字维权新选择和数字正义新路径，为我国知识产权法律保护的数字化、智能化、法治化发展保驾护航。

五、金融消费纠纷

“互联网＋金融”的模式创新推动了我国数字化经济的高速发展。金融行业的产品类型以及交易结构均实现了信息化与数字化的移动服务模式，因此而产生的金融消费纠纷也呈现出同步式增长。金融消费纠纷的频发对我国互联网环境中的解纷路径提出了紧迫的发展要求。为了应对互联网时代的新型权利冲突，我国通过拓宽线上解纷路径、加强数字治理格局、构建系统更加完善的多元化纠纷解决机制，及时加强并补足对百姓金融产品的权益保障和维权路径。最高人民法院、中国人民银行、中国银行保险监督管理委员会印发《关于全面推进金融纠纷多元化解机制建设的意见》的通知指出，要“充分运用在线纠纷解决方式开展工作。不断丰富完善‘中国金融消费纠纷调解网’（www. fcosc. org）等在线网络调解平台功能，推动通过平台与法院调解平台数据交换、互联互通的方式，建立‘总对总’金融纠纷在线诉调对接机制。积极探索通过信息化手段提高委派、委托调解，送达，案件材料交换，调解协议司法确认等具体工作的效率，便利当事人参与金融纠纷多元化解工作。金融纠纷调解组织应当充分运用技术手段，构建涵盖在线调解、现场调解、电话调解等多途径的调解体系，高效及时化解纠纷。制定完善在线纠纷解决规则，总结推广远程调解等实践经验。金融纠纷调解组织强化硬件设施配置，对调解过程实行录音录像，实现调解全程留痕；人民法院进行司法确认过程中需要调取相关录音录像资料的，金融纠纷调解组织应积极配合”。以此为背景，为回应金融消费纠纷解决的特殊需求和紧迫需要，我国正在主动推广并积极使用 ODR 作为化解金融消费纠纷的优选模式和首选方式。通过不断加强民间 ODR 与司法 ODR 在定分止争中的协作力度和执行强度，为金融消费者的财产安全权、知情权、自主选择权、公平交易权、依法求偿权、受教育权、受尊重权、信息安全权八项基本权利提供法治保障，间接推动我国金融行业的专业化和智能化服务水平有序发展、行稳致远。

六、网络舆情监测

网络舆情监测是实现从被动响应型治理向主动预见型治理转变的智慧良方。“网络舆情是网民针对网络和社会现实生活中某些热点、焦点话题形成的倾向性态度、看法和观点。在推动构建网络空间命运共同体、促进网络深度融入人类生产生活的背景下，网络舆情日益成为影响社会治理、政府决策、社会思潮、发展稳定的重要因素。做好网络舆情监测工作，提高发现能力、预警能力，是有效管理和引导网络舆情的基础和前提，是加强网络空间综合治理的重要手段。”① 网信办等网络管理部门通过采用多元化的网络舆情监测技术对互联网环境中的消极负面信息进行及时的防控和预警。对于网络空间中突发

① 严小芳：《移动互联网背景下网络舆情监测面临的困境及对策建议》，《传媒》2021 年第 8 期。

的社情民意，网络舆情监测技术可以充分发挥实时监测与预警的功能，再融入工作人员对网络舆论的引导和管控机制，及时对舆论信息的真伪进行甄别，避免虚假恶性的网络舆论广泛传播并影响到和谐清朗的网络空间。

由于网络舆情呈现的内容是多元且复杂的，需要针对不同种类的舆情进行全面且严格的管理和控制，如虚假事件、违法信息、恶意炒作信息等网络舆情。网络空间舆情监测系统能够通过技术与人工的双重处理模式，加强与维护网络空间文明社会的和谐有序发展，为百姓提供更加清朗的网络空间的同时，间接培育出具有中国式经验的先进网络文化和井然网络秩序。有关社情民意事件的网络舆论可以分为四个发展阶段：舆情议题发展阶段、舆论平稳向消退发展阶段、网上舆情爆发阶段、控制和引导阶段。[①] 而真正能够通过舆情监测 ODR 发现舆情并控制舆情的时期就是第二阶段，只有在潜舆论尚未广泛传播之时，对其源头进行积极引导才能真正避免潜舆论向显舆论的进一步转化。互联网的开放性给舆论传播和舆论爆发带来了极佳便利的公开渠道，唯有主动通过政府网络舆情监测的前置性工作，才能及时发现舆论源头、及时掌握舆论内容、及时控制舆论发酵。舆情监测类政务 ODR 能够有效实现网络空间治理从被动介入到主动锁定的模式转化，通过技术手段快速对网络舆论进行引导与控制，避免社情民意或权利纠纷扩大传播造成不必要的负面影响。网络舆情监测技术的规范应用对我国数字

---

① 斯进：《从互联网舆情形成的特点谈创建立体化网络舆情监控机制》，《信息网络安全》2008 年第 8 期。

治理的发展进程起到了至关重要的推动作用，同时为我国数字政府的智能化建设、网络生态的清朗化治理、线上社会的法治化发展作出了重大贡献和有力保障。

七、数字政务服务

数字政务服务是我国推进数字政府建设，实现政府治理现代化的重要创新路径之一，更是为广大百姓提供更加高效便捷智能权威的数字化民生服务保障。数字化时代的到来为强化政府与公众之间的联系、优化政府以人为本、以人民为中心的为人民服务理念、深化政府对社会的公共服务体系建设[①]提供了信息化的技术支持与智能化的数字桥梁。数字政府建设不仅能够运用数字技术为百姓搭建线上的公共服务平台，实现从流程到内容的双重维度创新，[②] 还能通过为百姓搭建“一站式”“一体化”的数字政务服务体系达到便民利民惠民的服务宗旨，以实现高效“好评”的行政效率和服务口碑，[③] 从而为提升政府执行力和公信力提供全新的数字化亲民路线。

在十三届全国人大一次会议上，时任总理李克强作政府工作报告时提到“最多跑一次”改革，强调要深入推进“互联

---

① 戴长征、鲍静：《数字政府治理——基于社会形态演变进程的考察》，《中国行政管理》2017 年第 9 期。

② 何圣东、杨大鹏：《数字政府建设的内涵及路径——基于浙江“最多跑一次”改革的经验分析》，《浙江学刊》2018 年第 5 期。

③ 周文彰：《数字政府和国家治理现代化》，《行政管理改革》2020 年第 2 期。

网＋政务服务”，使更多事项在网上办理，必须到现场办的也要力争做到“只进一扇门”“最多跑一次”。[①] “最多跑一次”改革涉及政府治理、公共管理、地方政府创新等各领域工作。让群众“最多访一次”，不仅要对群众信访事项马上办、简易办，还要加大重复信访治理力度，推动信访事项及时就地解决；要最大限度地减轻群众“访累”，有效解决信访诉求反映途径单一、责任部门办事效率偏低等现实问题，持续做足质量文章，倒逼事权部门认真贯彻落实信访工作责任制，全力助推打造人民满意的服务型政府。[②] 政务服务的数字化发展为百姓提供了便民利民惠民的线上服务路径，百姓仅需借助移动终端设备即可通过政务 ODR 的便利渠道实现与政府部门的直接发声（网上信访）并进行实时的服务进度查询。数字政务服务的全新体验不仅拉近了人民与政府的空间感和距离感，还为百姓在数字生活中的民生服务保障搭建了信息化与智能化的高效政务路径，为不断建设人民更加满意的服务型政府作出了数字时代的应有贡献。

---

① 沈轩：《“最多跑一次”改革的实践创新和理论价值》，载《浙江日报》2018 年 3 月 10 日，第 10 版。

② 徐晓林、明承瀚、陈涛：《数字政府环境下政务服务数据共享研究》，《行政论坛》2018 年第 1 期。

第二章

我国线上纠纷解决机制的体系架构

随着科技进步与社会发展，我国的线上纠纷解决机制（ODR）历经了20年的适用与完善，在不断满足人民群众对化解矛盾纠纷的多元化、便捷化、智能化需求的同时，实现与时俱进、开拓创新。我国ODR的适用架构突破了传统民间ADR的线上化非诉解纷的单一范畴，实现了人民法院司法诉讼的线上化审判模式创新以及政府机关部门的数字化政务服务建设，开拓了ODR从Online ADR一元模式到“司法ODR与非司法ODR”的二元模式，再进一步创新发展形成集“民间ODR、司法ODR、政务ODR”的三元模式架构。

我国ODR的创新发展和广泛适用不仅促进了多元化纠纷解决机制的格局发展和精准定位，而且还搭建出了以“政务ODR预防为先、民间ODR优位挺前、司法ODR裁判终局”的循序渐进式的中国ODR治理体系。试图发挥我国ODR治理体系的协作优势和治理效能，将所有涉及互联网内容的矛盾纠纷全部化解在网络空间中，实现以网为基的源头治理，为我国的网络空间治理体系建设提供强劲有力的理论支撑与方法支撑。

第一节　我国线上纠纷解决机制的类型

我国 ODR 的历史发展脉络，是从实现民间 ADR 的线上化发展的一元解纷模式到开拓人民法院司法审判的智能化创新的二元解纷模式，再到推进政务服务的信息化建设的三元解纷模式。我国 ODR 的发展规律与我国多元化纠纷解决机制的格局定位相互匹配。通过借鉴我国学术界对多元化纠纷解决机制的二元模式和三元模式架构，为 ODR 提供相似的类型化区分标准，从而促进 ODR 成为我国多元化纠纷解决机制中的新鲜血液和新生力量。

对于我国多元化纠纷解决机制的架构区分，黄文艺教授依据国家公权力在解纷机制中的适用占比，将多元化纠纷解决机制划分为公力性纠纷解决机制、准公力性纠纷解决机制和民间性纠纷解决机制的三元模式；① 范愉教授基于诉讼与 ADR 的解纷模式差异，将多元化纠纷解决机制的架构分为诉讼与非诉的二元模式。鉴于 ODR 是源于 ADR 的线上化发展模式，ADR 是多元化纠纷解决机制中不可或缺的重要组成部分；而 ODR 在法院诉讼和政务服务中的创新应用，即代表了国家公权力在创新解纷途径上的数字化内容建设。由此可见，ODR 的架构定位均可以在以上两种分类模式的框架中实现理论延展。同理，两种区分模式对我国 ODR 的架构建设也都具有理

① 黄文艺：《中国的多元化纠纷解决机制：成就与不足》，《学习与探索》2012 年第 11 期。

论参考价值。为了更好地厘清我国 ODR 的架构模式，本文通过借鉴以上两种多元化纠纷解决机制的架构模型和内在机理，以我国线上纠纷解决机制的主体差异模式为区分标准，间接搭建属于我国 ODR 的三元架构模式，即按照“司法 ODR、民间 ODR、政务 ODR”的三元式框架结构对我国 ODR 进行类型划分和理论延展，为我国 ODR 的未来发展格局搭建初级框架（如图 2.1 所示）。

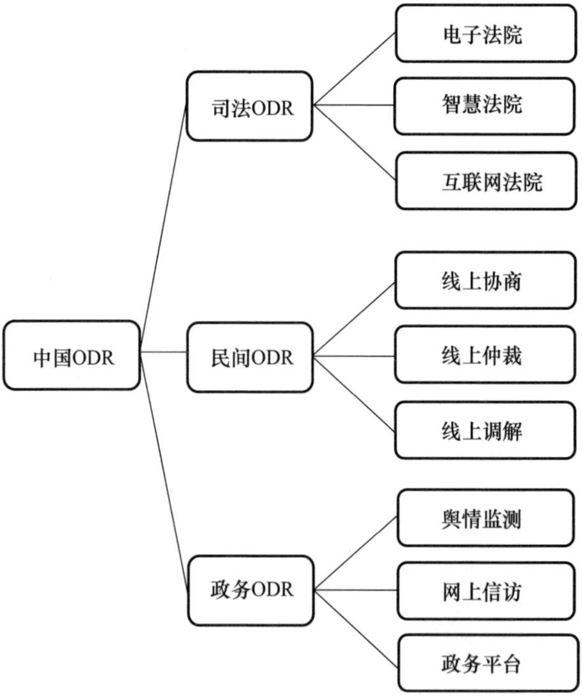

图 2.1　我国线上纠纷解决机制（ODR）的三元架构

一、我国线上纠纷解决机制中的司法 ODR

（一）电子法院

随着互联网应用技术的迅猛发展，人们对互联网技术的认知和应用发生了颠覆性的变化。2015 年 3 月 5 日，时任总理李克强在第十二届全国人大三次会议的政府工作报告中首次提出“互联网 +”行动计划，“大众创业，万众创新”的“互联网 +”时代热潮随即在我国众多传统领域展开试行。相较于其他传统领域而言，“互联网 + 司法”类的创新尝试早在 2009 年就已经开始实施运行。2009 年 8 月 19 日，上海市第一中级人民法院首次启用“网络法院”，即依托于网站的法院工作平台，现称为在线诉讼平台，为公众和当事人提供网上调解和网上立案等审判前服务。基于该在线诉讼平台不断地对其程序的安全性、合理性、交互性功能进行优化，历经多年的实践检验，该平台既证实了其线上功能可行性，也为我国“互联网 + 司法”领域的创新发展树立了坚定的信心并奠定了坚实的基础。以线下法院和电子法院的诉讼流程对比可见，电子法院通过设立扁平化的系统操作流程，为提起诉讼的纠纷当事人提供便捷高效的司法服务。信息化与智能化的操作流程不仅缓解了当事人诉累的司法困境，还有效提升了司法机关的解纷质效，在同等的时间周期内可以为更多有诉讼请求的当事人提供更加高效的司法服务，从而避免“迟来的正义”的消极境况发生。

（二）智慧法院

近年来，我国一直大力支持“智慧法院”建设，以促进法院审判体系的信息化发展。全国各地区法院积极响应国家号召，31 个省区市及兵团分院均开通移动微法院，跨域立案服务在全国各级法院全面实现，“一站式”诉讼服务体系、统一司法区块链平台、司法大数据、最高人民法院智慧法院实验室建设等取得了长足进步。2016 年，中共中央办公厅和国务院办公厅印发的《国家信息化发展战略纲要》中明确指出，要“深化电子政务，推进国家治理现代化”“服务民主法治建设”。在法院建设方面，提出建设“智慧法院”的具体要求，要提高案件受理、审判、执行、监督等各环节信息化水平，推动执法司法信息公开，促进司法公平正义。国务院《关于印发“十三五”国家信息化规划的通知》“统筹发展电子政务”当中再一次提出“支持‘智慧法院’建设，推行电子诉讼，建设完善公正司法信息化工程”。2019 年 2 月，《最高人民法院关于深化人民法院司法体制综合配套改革的意见——人民法院第五个五年改革纲要（2019—2023）》对“现代化智慧法院应用体系”的建设规定指出，要深入推进智慧法院基础设施建设、推动科技创新手段深度运用、有序扩大电子诉讼覆盖范围、完善电子卷宗生成和归档机制、完善司法大数据管理和应用机制。[①] 由此可见，在国家信息化战略发展的指引下，智慧

① 高学强：《人工智能时代的中国司法》，《浙江大学学报（人文社会科学版）》2019 年第 4 期。

法院的主要目的是提高线上化司法服务水平，以实现国家治理体系与治理能力的现代化发展。对于百姓来说，智慧法院建设能够通过信息化与智能化的司法服务流程满足人民的线上解纷需求，方便百姓通过更加高效便捷的数字路径参与诉讼。

新冠肺炎疫情发生以来，最高人民法院指导各级法院运用智慧法院建设成果，将诉讼服务从“线下”移步到“线上”，及时有效办理了大量司法案件，中国法院的移动电子诉讼成果在国际社会受到广泛关注且获得高度评价，为坚决打赢疫情防控人民战争、总体战、阻击战，实现全年经济社会发展目标任务提供了有力司法服务和保障。2021 年 3 月发布的《中华人民共和国国民经济和社会发展第十四个五年规划和 2035 年远景目标纲要》（以下简称“十四五”规划）中也提到了要“加强智慧法院建设”，可以看出司法机关的智能化发展必须运用更加长远和创新的发展眼光。在加大互联网技术在法院内的可持续发展和改革创新的同时，更要不断巩固线上化诉讼模式与智能化司法辅助系统的技术支撑和内容建设，让司法 ODR 的信息化与智能化建设成为通向数字正义的康庄大道。

（三）互联网法院

在互联网环境中，基于涉网纠纷产生的必然性与多样性决定了创新发展 ODR 的必要性和多元性。[①] 为了主动适应互联网交易的多样性，以及线上纠纷的频发性，我国司法审判模式

---

① 齐树洁、林建文主编：《环境纠纷解决机制研究》，厦门大学出版社 2005 年版，第 4 页。

融会“互联网+”思维并且有针对性地开拓了司法审判制度的网络化创新举措。2017年6月26日，中央全面深化改革领导小组召开第三十六次会议，会议审议通过了《关于设立杭州互联网法院的方案》，这意味着中国乃至世界首家互联网法院将落户杭州。[①] 2017年8月18日，我国第一家集中审理涉网案件的杭州互联网法院正式挂牌成立，意味着我国率先进入司法审判网络化的新模式。据悉，截至2018年8月底，杭州互联网法院集中受理互联网购物、服务、小额金融借款等合同纠纷；互联网著作权权属、侵权纠纷；利用互联网侵害他人人格权纠纷；互联网购物产品责任侵权纠纷；互联网域名纠纷和因互联网行政管理引发的行政纠纷等案件，共计12103件，审结10646件，其中60%的案件实现在线听审、在线裁判；线上平均开庭时间仅为28分钟、平均审理期限41天，比传统审理模式分别节省了3/5、1/2；一审服判息诉率高达98.59%。[②] 相较于传统的诉讼模式，杭州互联网法院秉承“五分钟网上立案”、“零在途时间”以及“零差旅费用支出”的新理念，用实践数据证明了依托互联网平台后的新型在线诉讼审判方式为当事人带来了更多时间上和空间上的便利，高达98.59%的一审服判息诉率也反映出杭州互联网法院法官和相关司法辅助人员的司法专业能力强以及裁判结果接受度高的利好结果。然

---

① 李英锋：《互联网法院：开启涉网纠纷解决新时代》，载《人民法院报》2017年7月1日，第2版。

② 王梦遥：《最高法：互联网法院审案应全程在线》，载《新京报》2018年9月8日，第5版。

而，高效率、高满意度的杭州互联网法院同时面临着杭州市辖区内庞大的涉网诉讼量，其一年接案量高达12103余件，60%的案件（约7262件/年）实现在线庭审、在线裁判，以国内年工作日250天为计算基准，平均每个工作日要结案29件；以线上关联案件平均开庭时间28分钟为标准，每个工作日内法官及相关司法辅助人员在庭审时间就要花费近812分钟，共计约13.5小时。可见，杭州互联网法院作为司法系统内的司法审判新方式，其在为司法审判带来高效、便捷与创新的同时，也在经受着庞大的线上诉讼压力的考验。

继杭州互联网法院开设之后，2018年7月6日，中央全面深化改革委员会第三次会议审议通过《关于增设北京互联网法院、广州互联网法院的方案》，决定在北京、广州两地增设互联网法院，进一步深化互联网法院试点探索，健全完善互联网审判格局。[①] 集互联网平台技术和传统司法审判模式于一身的互联网法院，通过发挥互联网的应用技术和优势显著地削减了涉网案件的诉讼周期，节省了诉讼当事人的额外支出，提升了司法部门对个案的审判效率，进一步印证了司法审判网络化发展的创新价值、实践效益和执行效率。相较于传统的诉讼程序，互联网法院可以在相同的时间内服务更多的诉讼当事人，解决并维护更多群众的利益诉求和个人权益。但是，互联网法院在我国尚处在试点性发展的初级阶段，我国9.89亿庞大的网民规模和互联网商事交易或将直

---

① 参见胡仕浩、何帆、李承运：《〈关于互联网法院审理案件若干问题的规定〉的理解与适用》，《人民司法（应用）》2018年第28期。

接地、轻松地导致涉网案件数量骤增，进而影响互联网法院的审判质量和效率。因此，为了避免涉网纠纷全部诉诸司法ODR影响我国互联网法院的初期口碑建设，我国也应加大对具有诉前分流功能的民间ODR展开深入研究与价值挖掘，从而形成诉讼与非诉的ODR联动机制，以整体提升ODR化解涉网纠纷的治理效能。

二、我国线上纠纷解决机制中的民间ODR

（一）我国民间ODR的产生价值

20世纪末至21世纪初，以1995年美国eBay电子商务平台的创立为标志，传统现实生活中的交易行为初次通过互联网技术实现了交易的线上化发展。随后，我国电商平台8848（1999年）、当当网（1999年）、淘宝网（2003年）相继创立，我国消费者也逐渐体验到互联网交易带来的便利。然而，随着越来越多的企业与消费者在互联网交易中扮演着买家与卖家的双重角色，社会中逐渐涌现出大量涉及电商平台内的B2C和C2C民事纠纷案件，此类纠纷的特点主要为金额较小、问题简单、要求快速解决、要求便利处理等。如果将此类线上的纠纷问题依旧通过传统的线下司法诉讼来解决，势必浪费大量的司法资源、占用众多法律相关的从业人员以及耗费纠纷当事人的大量时间成本与经济成本等。尽管我国当前已经分别在杭州、北京、广州依次设立了互联网法院，但是，如果不论纠纷金额大小、纠纷具体成因等问题，一味地将所有的涉网纠纷全部交由互联网法院来处理，必将影响互联网法院诉讼平台的运行功能和执行效率。从上文中提到的杭州互联网法院情况可知，虽然只是管辖杭州市辖区内基层人民法院有管辖权的一审民事、行政案件和上级人民法院指定管辖的其他互联网民事、行政案件，但诉讼压力仍然较大。因此，依靠有限的司法ODR来解决全国各地的涉网纠纷是不科学且不经济的，除非在全国各地大范围建立互联网法院，加大司法系统内部的人力资源配置来有效推广并实行线上化的司法审判，但这在短期时间内是难以实现的。

为了避免因繁杂的互联网矛盾纠纷直接影响到我国互联网法院的正常运行和长远发展，我国应当鼓励并提倡优先使用民间的、非官方的、非司法（或非诉讼）的线上纠纷解决机制，即民间ODR。自中国古代尧舜时期开始，民间的调解机制就已成为追求社会稳定与和谐的有效工具，不仅百姓接受度高而且实用性强。[①] 再者，提倡使用民间ODR的价值取向与西方法律经济学家科斯提出的交易成本理论的核心价值形成呼应，即法律规则或制度的核心价值取向在于效益，在进行制度选择时，必须选择那种能使交易成本降至最低的制度安排，以有效地增进社会福利。[②] 据此，有理由相信，我国源远流长的非诉历史传统与21世纪互联网技术融会而成的民间ODR定会在当

---

① 曾宪义：《关于中国传统调解制度的若干问题研究》，《中国法学》2009年第4期。

② 顾培东：《效益：当代法律的一个基本价值目标——兼评西方法律经济学》，《中国法学》1992年第1期。

今社会中发挥出更大的解纷作用并创造出更高的非诉效益。民间 ODR 作为司法系统外的强有力补充，能够贴切实际地从人民群众和司法机关的二元视域诠释出效益论的价值与意义，进而实现我国司法与非诉讼纠纷解纷机制的协同发展。

对于广大人民群众来说，民间 ODR 以降低诉讼成本、节省时间成本、保护个人权益等方式提升纠纷当事人的个人效益。同时，民间 ODR 还可以在电商平台内部实现以短时间、零费用、易操作的解纷机制来化解用户之间的交易纠纷，大幅降低互联网交易纠纷进入司法诉讼的概率和成本，从而显著提升社会层面的整体效益。由此可见，民间 ODR 在电商平台内的应用不仅可以为纠纷当事人提供一种“短平快”（短周期、平台内、快处理）的解纷机制来实现用户的利益最大化，还能够高效发挥平台内部的自治机制，避免线上虚拟平台内发生的纠纷问题移送到线下现实生活中，进一步实现“线上纠纷不落地”的治理策略。

对于司法机关来说，民间 ODR 能够以分担司法机关的案件压力的方式间接地提升司法审判的质量与效率，进而促进司法效益的整体提升。基于民间 ODR 能够率先解决绝大多数金额较小、问题简单、要求快速解决、要求便利处理的涉网民事纠纷，在避免此类纠纷进入司法程序的同时，也为司法机关争取到更多的时间机会成本。借此，司法机关可以充分利用该机会成本，为已经进入司法程序的纠纷案件和当事人提供更优质的司法服务，并以高质量、高效率、高满意度的审判结果强化司法公信力，进一步让人民群众在每一个司法案件中感受到公平正义。

（二）我国民间 ODR 的解纷模式——以闲鱼小法庭为例

1. 闲鱼小法庭的运行机理

回顾2020年，根据商务部的发展规划，2020年我国社会消费品零售总额要达到48万亿元，届时潜在的可进入二手市场的商品实物年销售额保守估计将在32万亿元以上，即使其中只有5%的实物商品以平均三折的价格成交，就可以构成一个5000亿元级别的二手交易市场。虽然二手交易市场内依旧存在制度规则不尽完善、执行监管力度相对较弱等显著弊端，以致广大人民群众对其抱有较低的信赖度和参与度，但是，鉴于二手交易市场拥有着强大的变“闲”为“现”的潜在能力，随时都在为潜在用户提供着出售闲置物品的机会成本。倘若通过改善该市场内部的交易解纷机制来保障更多消费者和个人商家的合法权益，或许可以进一步促成二手交易市场内的专业化流程、精准化服务和系统化建设，进而拓宽我国非诉讼纠纷解决机制的实践蓝图。

闲鱼小法庭是阿里巴巴集团旗下闲置物品交易平台——“闲鱼”①，自主推出的平台治理型民间ODR。对于已拥有超过2亿注册用户和1600万个人卖家的闲鱼平台来说，平台治理模式或将成为健全平台运营机制的前提保障。因此，闲鱼在针对平台内部交易纠纷特点的同时，最大限度地发挥平台用户的

---

① 闲鱼：闲鱼平台将线下二手交易市场的运行和管理机制与线上互联网平台的运营模式相结合，通过为广大互联网用户搭建虚拟交易平台，进而实现个人闲置物品的便捷交易体系，响应社会分享经济和低碳生活的号召。

自治权利，进而建成以高效、民主、公正为解纷特点的平台治理新模式——闲鱼小法庭。

闲鱼小法庭中的“法庭”并不等同于传统意义上的司法审判模式，而是结合平台内部庞大的用户量和线上小额交易的特点量身打造的平台治理型民间 ODR。闲鱼小法庭通过为用户提供“当事人”和“评审员”两种参与主体身份的方式，主动发挥平台用户在线上交易纠纷中的民主参与和民主决策功能而量身打造的陪审团式 ODR，即采用 17 人投票 9 胜制解决纠纷。正是因为陪审团机制的民主属性才使得民主价值观能够在司法领域中得以具体体现，闲鱼小法庭也更像一个“法庭”，其程序的合理性才促使其多数的结果具有正当性。再者，从陪审团的理论角度思考，正是基于陪审员缺乏法律专业的知识才能确保最终裁判符合人民大众对于公正的普遍认识。由于闲鱼小法庭邀请的评审员用户都是闲鱼平台内长期活跃的用户，其对于二手商品交易及线上平台交易活动的理解构成了一种前提性或共同性的认知。这种认知足以作为解决具体线上小额纠纷的普遍行为标准，而少数服从多数的民主决策机制在绝大概率下确保了这种普遍性认识在解决交易纠纷中的具体实现。因此，以评审员为代表的闲鱼用户们的这种共识性标准已经成为闲鱼平台上约定俗成的不成文法，通过用户间的民主参与决策权利来解决用户间的交易纠纷，这也正是闲鱼小法庭的民主机制优于平台运营方自行制定并强制实施交易规则及裁判程序的意义所在。所以，闲鱼小法庭的陪审团式 ODR 不仅在实践应用层面通过优化用户定分止争的操作流程，有效提升了平台交易纠纷的解纷质效，而且在理论研究层面通过赋予平台评审员民主参与权和民主决策权，开拓创新了民间ODR的解纷模式架构，更为我国网络空间治理和溯源治理的经验研究提供了有益补充。

2. 闲鱼小法庭的解纷程序

闲鱼小法庭的陪审团式ODR主要体现在以纠纷当事人和评审员为中心的二维主体视角。一方面，闲鱼小法庭秉承尊重纠纷当事人的意思自治原则，唯有纠纷用户主动提请才会介入交易纠纷。当解纷机制介入后，双方当事人可以对交易纠纷所涉及的商品细节进行充分“举证”以维护个人合法权益。另一方面，闲鱼小法庭独特的评审员机制，为广大平台用户提供了实现线上交易纠纷的民主参与和民主决策权利的机会。通过加强用户对平台的自治管理，进一步提升用户在共建平台法治化发展的归属感和主人翁意识。

闲鱼小法庭为交易双方提供的异步解纷流程。闲鱼平台中的交易纠纷普遍源于买家收到货品后发现货品与卖家的产品描述不符、质量问题或功能异常等。因此，买家可以首先与卖家通过在线协商的方式提出产品的问题，双方仅需要通过用户间的异步留言方式即可对交易中出现的问题进行协商解决，但进行在线协商的前提是买家暂未点击订单信息中的“确认收货”。因为，闲鱼平台中的交易订单只有在“未确认收货”的状态下解纷机制才可正常介入；如买家在收到货品后并未发现货品出现问题，且已点击“确认收货”完成了订单交易，此后再因货品问题而引起的交易纠纷，闲鱼平台的解纷机制将无法介入解决纠纷。倘若双方无法通过在线协商方式解决交易纠纷，买家可以在订单信息中点击“我要退款”发起退款申请，卖家会有5天的时间作出答复。如卖家同意后，买家将按照卖家给出的退货地址退货；如卖家拒绝，买家可以修改退款申请原因后再次发起退款，卖家会重新处理；如卖家超时未处理，退款申请将直接达成。当卖家不同意买家的退款申请时，退款流程会再度交由买家处理，之前支付的钱款将暂时保存在第三方支付宝的担保账户中。此时，买家还可以选择“客服介入”的方式请求平台解纷机制协助解决交易纠纷，或选择“撤销申请”的方式直接支付钱款给卖家，再或者选择“修改申请”的方式待进一步完善对商品异议后，再次与卖家通过在线协商方式解决纠纷。

需要注意的是，只有用户选择“客服介入”后，闲鱼小法庭才会立即介入本次交易纠纷。首先，由双方当事人在“开庭”前72小时内，双方交替以留言方式上传有关货品的描述性文字和图片作为举证内容，前期通过在线协商沟通的内容也可以作为有效的举证信息。举证的主要目的是为评审员提供直观了解交易纠纷的具体详情、作出客观裁判的依据。当申请方“完成举证”后将交由另一方开始进行举证，此时前者便无法再上传信息，需等待另一方完成举证后才能再次进行交替式的举证。其次，当双方均完成第一次举证后，闲鱼小法庭将会邀请17名用户作为评审员对纠纷双方提供的凭证进行投票支持，优先获得9票的一方赢得本次胜利。若买家胜利，买家进行退货并获得退款；若卖家胜利，保存在第三方平台的钱款将直接转到卖家账户，买家保留货品且交易结束。最后，当任意一方对本次闲鱼小法庭的审判结果产生异议时，可以及时通过平台内的闲鱼服务社提起申诉。申诉过程将由人工客服专员受理申诉请求，并将双方的举证信息转交给平台内的资深裁判员，让其进行在线仲裁，经在线仲裁裁定的结果不可更改，将作为本次交易纠纷的“终审”结果。

闲鱼小法庭为评审员提供的评判介入流程。当闲鱼平台内出现交易纠纷，当事人申请客服介入时，双方纠纷当事人率先在 72 小时内进行交替举证。当举证环节结束后，为确保受邀的审判员可以在 24 小时内通过投票解决纠纷，闲鱼小法庭将根据闲鱼用户在软件中的活跃情况、芝麻信用分、支付宝实名认证、淘宝信用等级等评判标准，优先筛选出 30 位评审员并向其推送闲鱼小法庭的邀请通知，率先采纳前 17 位评审员对交易纠纷的投票结果，依据 17 人投票 9 胜制产生裁判结果。当受系统邀请成为评审员的用户进入闲鱼小法庭后，将被告知闲鱼小法庭的规则说明。例如，什么是评审员以及作为评审员将要履行的判定规则，同时也负有对纠纷双方身份信息和交易信息的保密义务。当受邀的评审员确认并同意履行判定规则后，便可自行点击“开始评审”进入投票环节。每位评审员均需通过参考双方当事人上传的举证信息进行评判，并将自己宝贵的一票投给支持的一方，同时可自愿提交对于交易纠纷的主观看法和意见，便于当事人和评审员们对其投票结果的详细解读。最终，当纠纷当事人中的一方率先获得 9 位评审员的支持票时，评审环节即告结束。评审员们在发挥其线上纠纷民主参与与民主决策权利的同时，也履行了被赋予的评审员职能和义务。

三、我国线上纠纷解决机制中的政务 ODR

（一）舆情监测

舆情监测在我国当前的政务 ODR 中主要功能是及时抓取敏感词汇、网络谣言散布以及未经证实的突发型社情民意，避免舆情的急速扩散引起更加消极的社会舆论。舆情监测是通过网络爬虫技术对提前预设信息的实时数据进行爬取，舆情监测 ODR 可以在第一时间发现信息源头，在信息扩散之前及时锁定信息的内容发布者并通过网络管理员进行正确的引导和回应，避免舆情舆论的急速扩散造成难以控制的舆论场。舆情监测 ODR 在舆情舆论初露苗头的时候就要通过靶向技术实现目标锁定，从源头实现控制新发生的网络舆论，避免不实舆论的急速扩散造成难以预测的负面影响。网络舆情监测系统可以有效帮助政府及时了解社情民意在网络空间的情况。通过舆情规划、舆情收集、舆情分析、舆情控制、舆情评估等系统流程，充分掌握网络舆情的初始原点、影响范围和传播途径，才能真正主导网络舆情。[①]

（二）网上信访

推进网上信访是新时代加强和改进人民信访工作的重要举措。网上信访的创新实践有效实现了“让数据多跑路，让群

---

① 梅松：《政府网络舆情监控系统的实现》，《信息技术》2011 年第 9 期。

众少跑腿”的服务理念，受到信访群众的欢迎和好评且已成为信访的优先道。信访制度是中国特色社会主义民主政治制度的有益补充，网上信访不受时空、人数、逐级访等限制，成本低廉，极大地便利了公民通过信访渠道实现民主参与和民主监督。百姓通过多元、便利、实时的互联网端口提出信访诉求或众议信访事项，即可随时随地查阅和评价政府工作，行使批评建议权，实现民主参与。通过全程监督信访机构和责任单位业务运作，“以社会权利监督公共权力和以信访机构的公共权力监督职能部门的公共权力”① 为监督准则，为百姓搭建更加安全有保障的维权路径。互联网时代的网上信访工作，例如“北京信访”“江苏手机信访”“基层信访督查”等手机 APP，为百姓实现了通过网络技术和网络平台即可进行网上信访的全新模式，充分发挥了数字化与信息化技术在政务服务中的便利优势，为群众切身提供线上化的信访路径实现排忧解难的“指间信访”。

（三）政务平台

政务平台的信息化建设为百姓排忧解难和定分止争提供了数字化的便民服务。12345 政务服务便民热线是直接面向广大人民群众反映问题建议、推动解决政务服务问题的重要渠道。国务院办公厅印发《关于进一步优化地方政务服务便民热线的指导意见》提出，加快推进除 110、119、120、122 等紧急

---

① 吕普生：《新时代网上信访的社会治理价值与多重现实挑战》，《西南政法大学学报》2019 年第 3 期。

热线外的政务服务便民热线归并，[①] 2021 年年底前，各地区设立的政务服务便民热线以及国务院有关部门设立并在地方接听的政务服务便民热线实现一个号码服务，各地区归并后的热线统一为“12345 政务服务便民热线”，语音呼叫号码为“12345”，提供“7 × 24 小时”全天候人工服务。12345 通过坚持属地管理和部门指导相统筹，充分发挥各地区在热线归并和管理服务工作中的主导作用，压实地方特别是市县责任，加强部门政策支持和配合衔接，一个号码、各地归并。坚持诉求受理和业务办理相衔接。12345 政务服务随着数字政府建设的大力推动，快速在国内各省市开展了 12345 便民服务的网络平台建设。甚至像北京还开通了“北京 12345”微信公众号，为百姓提供便民利民惠民的政务 ODR 服务，以更加便捷的操作模式和服务路径提升百姓的数字生活质量。但是，由于当前各地区的 12345 网站建立标准和操作流程各不相同，尚不能达到全国范围内的统一化工作标准和系统化制度规范。但 12345 政务服务平台的推广和实践真正为百姓提供了信息化与数字化的政务 ODR 平台服务体验。同时，还有“浙里办”“浙江 ODR”“全国 12345 平台”“随手拍”等手机 APP 均可随时随地为百姓提出诉求提供多元数字路径，让数字政务服务真正融入百姓的日常生活，切实做到服务于社会、造福于人民。

---

① 詹洪陶：《各地政务服务便民热线将归并为 12345 热线打造便捷、高效、规范、智慧的政务服务“总客服”》，《民心》2021 年第 1 期。

第二节　我国线上纠纷解决机制的定位

ODR 是基于 ADR 的基础模式和理论演变而成的新型解纷机制，ODR 固然属于我国多元化纠纷解决机制中的新生力量。鉴于我国多元化纠纷解决机制的理论研究范畴是以传统的线下解纷模式为核心内容，尚未加大对互联网时代后产生的新型 ODR 进行类型化区分和理论化研究，且缺乏对多元化纠纷解决机制进行线上（Online）与线下（Offline）模式板块的明确定位与区分。况且，我国 ODR 的创新进路已经突破了非诉领域的单一局限，建成了集司法 ODR、民间 ODR 和政务 ODR 于一体的全新治理体系，应当及时补足对我国多元化纠纷解决机制的适用范畴和模式架构，作出与时俱进和与网俱进的理论扩充和格局定位。

一、基于线上与线下环境的格局定位

我国多元化纠纷解决机制的普遍认同概念意涵是集诉讼与非诉讼纠纷解决机制于一体的二元模式架构。在此理论观点中，多元化纠纷解决机制是以线下现实生活环境为前提基础，由传统的线下司法审判与线下的非诉讼纠纷解决机制组合而成的解纷模式，能够充分体现出司法审判的权威公正与非诉解纷的灵活自治，两者相辅相成、协同并进。随着“互联网 +”时代的技术融合与模式创新，多元化纠纷解决机制同样被赋予

了互联网时代的科技创新和路径创新的发展新内涵和新境界。因此，我国多元化纠纷解决机制的数字化、信息化、智能化发展规模逐渐打破了原有的单一线下解纷模式的局限性，开拓了多元化纠纷解决机制在互联网环境中的线上解纷模式新格局。

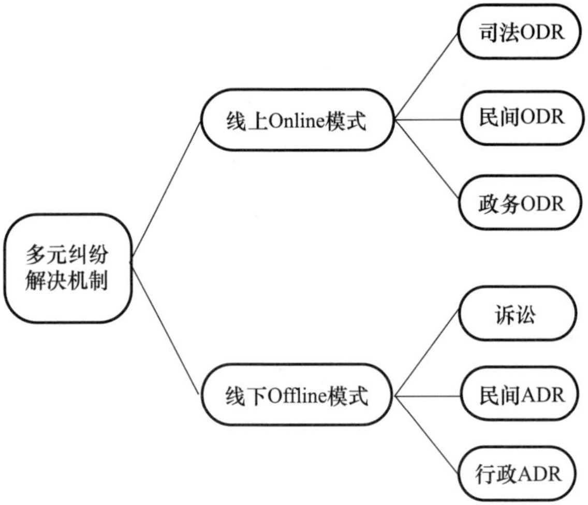

图 2.2　基于线上与线下环境区分的多元解纷格局定位

如图 2.2 所示，互联网时代为多元纠纷解决机制在网络空间中开辟了一条通往数字正义的全新线上解纷路径，但全新的路径也不完全是异于传统线下的解纷模式。线上解纷主要还是基于线下解纷的原始内涵，即由司法审判与 ADR 两部分构成，在依托互联网应用技术后实现了司法 ODR 与非司法 ODR 的模块创新。因此，基于线上解纷环境与线下解纷环境的差异性，可以将多元化纠纷解决机制区分出“线上 Online 模式”和“线下 Offline 模式”两条可供选择的解纷路径，线上解纷环境中由司法系统内部的司法 ODR、民间非诉解纷的民间 ODR 和数字政务服务的政务 ODR 三部分构成，而线下解纷环境中依旧是由传统司法诉讼、非诉讼纠纷解决机制（民间 ADR）以及政府投诉信访等行政 ADR 三部分组成。这种定位模式更注重空间逻辑上的差异性，将互联网线上空间和传统物理空间相区分可以清晰划分出空间结构内的解纷机制定位，从而进一步推动我国多元化纠纷解决机制在线上与线下二维空间模式中的理论延展和实践延伸。

二、基于诉讼与非诉讼程序的格局定位

进入互联网时代以后，我国的多元化纠纷解决机制既可以从空间维度进行线上与线下环境的格局定位，同样还可以根据“诉讼与非诉讼”的解纷模式维度进行格局和路径的再区分与再定位。如图 2.3 所示，基于“诉讼与非诉讼”两条传统的解纷路径，分别在其中融入线上解纷功能的模式定位，即司法诉讼板块可以细化分为“线上司法 ODR”与“线下法院诉讼”，从内容上丰富了传统司法诉讼的执行方式和科技内涵；同理，传统的非诉讼（ADR）在融入互联网应用技术以后，也可以细化分为“民间 ADR”与“行政 ADR”。其中，民间 ADR 包含线上民间 ODR 与线下民间 ADR；行政 ADR 涉及线上政务 ODR 和线下行政 ADR（见图 2.3）。以解纷模式进行多元解纷的格局定位能够更好地顺应各解纷机制的时代发展脉络，以单一的解纷机制为逻辑起点划分，能够更加清晰地观察到诉讼或非诉

ADR 的内容建设与技术创新。

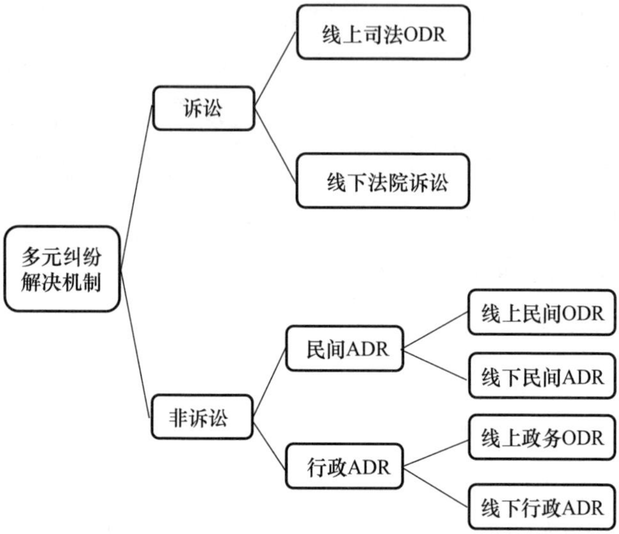

图 2.3　基于诉讼与非诉讼程序的多元解纷格局定位

第三节　我国线上纠纷解决机制的治理体系

随着互联网技术的迭代创新，我国的线上纠纷解决机制（ODR）历经了 20 载的发展历程。从最初仅能实现线上仲裁域名纠纷的中国国际经济贸易仲裁委员会网上争议解决中心到高效实现电子商务平台内部交易纠纷自治的民间 ODR 模式；从法院信息化建设形成全流程线上操作执行的电子法院到专项受理互联网诉讼案件进行同步或异步审判的互联网法院 ODR 建设；从政府部门开展网络舆情实时监测到提供全方位数字政务服务的 ODR 路径。民间 ODR、司法 ODR 和政务 ODR 三条路径虽呈现出独立的发展轨迹，但对于我国网络空间治理的现实应用成效来说，三者又能融会贯通形成互动互补的 ODR 治理体系，充分展现"政务 ODR 预防为先、民间 ODR 优位挺前、司法 ODR 裁判终局"的有序性、协作性、整体性，从而真正实现"网上纠纷网上化解"的互联网治理愿景（见图 2.4）。

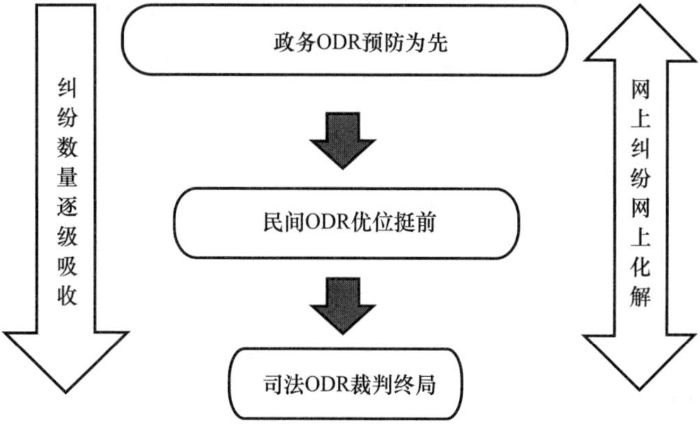

图 2.4　我国线上纠纷解决机制（ODR）的治理体系

一、源头预防：政务 ODR 预防为先

以政务 ODR 实现源头预防为先。数字政府不断加强网络舆情监测系统的技术精进与研判，充分展现政务 ODR 在数字政府系统内部的信息化科技创新与数字化发展成果，稳步实现前端治理优位的"预防型政府"模式。[①] 网络舆情是社会舆情

① 黄文艺：《中国政法体制的规范性原理》，《法学研究》2020 年第 4 期。

在互联网环境中的直接映射，是社会大众和新闻媒体通过互联网媒介传播认知、态度、情绪、意见、观点和行为倾向的总和。[①] 数字政府会通过舆情监测预警技术对网络舆情进行信息采集、归档分类、文本分析、话题识别以及情感倾向分析，[②] 确保在第一时间发现舆情，并及时解决发布在网络空间中的社会舆论和网络谣言，以极力维护公民、企业、社会组织和国家单位机构的合法权益为核心要义。然而，新媒体时代的网络舆情传播速度快、范围广、易发酵，信息裂变式、爆炸式的传播能够迅速形成网络舆论场。[③] 因此，为了避免单一社情民意成为网上热议的群体舆论事件，网络舆情监测类政务 ODR 被赋予了“防火墙”式的预防和防御使命，以其及时发现问题、及时回应问题、及时解决问题的有序工作方针来谱写预防舆情恶化的“三部曲”。

以政社合作模式提升网络舆情预防效能。面对浩瀚的网络空间和庞杂的数据信息流，政府一元式的舆情监测模式难免会存在人力欠缺和技术漏洞的情况。在有限的人、财、物基础条件下，政务 ODR 不仅要通过加强网络空间的制度建设，以实现为广大网民营造清朗的网络空间，更要时刻补足其技术应用中的短板与弱项，为构建更加风清气正、和谐有序、稳定发展

---

① 中共中央宣传部舆情信息局：《网络舆情信息工作理论与实务》，学习出版社 2010 年版，第 33 页。

② 左蒙、李昌祖：《网络舆情研究综述：从理论研究到实践应用》，《情报杂志》2017 年第 10 期。

③ 刘泾：《新媒体时代政府网络舆情治理模式创新研究》，《情报科学》2018 年第 12 期。

的网络生态提供源源不断的新技术、新模式、新动能。为此，具有舆情预防功能的政务 ODR 应当加大对政社合作模式的多元协同性，以及政府购买服务、技术更新服务的产品迭代性的关注力度。通过构建政府单位与社会组织技术融合与功能互补的协作机制，逐步实现网络舆情从整体到局部、从一般到具体、从现象到本质的系统化监测规模和精细化反馈流程，有序提升政务 ODR 在预防纠纷产生以及避免舆论爆发的前端应急能力和舆论导向水平，为营造天朗气清的网络空间筑牢“防火墙”。

二、诉源治理：民间 ODR 优位挺前

以民间 ODR 实现非诉机制优位挺前。我国拥有悠久的无讼解纷文化和非诉解纷历史，为了更好地发扬无讼文化在互联网时代的传承与发展，民间 ODR 无疑被赋予了更强烈的责任担当与使命担当。即使我国已经在司法系统内部实现了公力救济的“电子法院”“互联网法院”“智慧法院”的司法 ODR 建设，但面对当前互联网环境中迅猛增长的涉网纠纷，有必要优先引导当事人根据纠纷的性质和类型选用最适当高效的纠纷解决机制，充分发挥民间 ODR 的意思自治与诉前分流作用，避免规模庞大的涉网纠纷集中涌向司法 ODR，进而引发“案多人少”“诉讼延迟”“诉讼爆炸”等消极境况。

以线上非诉模式提升诉源治理效能。民间 ODR 为网络用户提供了形式多元、高效便捷、成本低廉的缓和型解纷渠道。

纠纷当事人只需通过指间操作，即可借助平台内的 ODR 或者第三方解纷平台提供的同步或异步解纷机制有效实现“短平快”（短周期、平台内、快处理）的定分止争。民间 ODR 为当事人免去了诉诸司法审判的烦琐流程、高昂费用和个人成本投入，使其享受到“低成本高收益”的非诉解纷效益，可谓为广大百姓开辟了一条具有惠民便民利民功能的“数字维权”路径。不仅如此，民间 ODR 所具有的诉源治理属性还能间接协助审判机关实现诉讼案源精减、资源配置优化、审判质效提升等优势，为真正进入诉讼程序的案件和当事人提供更高效、更优质、更专业的司法服务，进一步加强司法公正和司法公信力的整体提升。民间 ODR 所具有的诉源治理属性不仅可以体现在非诉与诉讼二元程序结构上的源头治理，还能够呈现在线上网络空间和线下物理社会二维空间结构上的源头治理。将民间 ODR 作为化解矛盾纠纷的优先解纷路径，既能彰显其相对诉讼程序的诉前分流和诉源治理特性，又能避免涉网纠纷从线上空间大量流入线下社会，为司法审判机关以及传统线下解纷资源分担压力的同时，逐步构建以“线上纠纷线上解决”为解纷逻辑的网络空间源头治理模式，为我国互联网治理体系与治理能力的现代化发展提供理论探索和经验借鉴。

三、司法终局：司法 ODR 裁判终局

以司法 ODR 实现裁判终局。倘若矛盾纠纷未能通过诉前解纷达成合意，当事人或将诉诸司法，通过寻求更具权威性、

强制性、终局性的公力救济模式来维护自身权益，实现案结事了。司法是维护社会公平正义的最后一道防线。在互联网技术蓬勃发展的新时代，我国司法体制改革中的智慧法院建设为筑牢筑强“最后一道防线”提供了信息化、数字化、智能化的科技支撑。人民法院通过融汇“互联网+”领域的创新思维和智能技术，逐步在国内各级法院中有序设立“智慧法院”“e法庭”“电子法院”“互联网法院”等具有线上审判模式以及智能辅助系统的司法ODR新模式，为我国司法ODR的裁判终局提供数字正义的全新内涵。

以司法ODR裁判终局实现涉网纠纷在网络空间中的源头治理。司法ODR的创新应用不仅为广大人民群众搭建了一条通往数字正义的线上路径，更为有序实现网络空间的诉源治理、闭环治理以及源头治理发挥了关键的联结纽带作用。诉源治理是发动和依靠群众的协调联动，是第一时间将矛盾纠纷化解在萌芽、化解在基层，促进社会和谐稳定的良方妙药，其治理内涵及治理逻辑同样适用于网络空间治理中的民间ODR。若将我国民间ODR与司法ODR进行程序上的有序衔接，并充分发挥二者协同共治与功能互补的善治活力，其解纷路径定能为涉及互联网内容的矛盾纠纷构建出智能高效与公正透明的闭环式治理流程，加快实现“线上纠纷线上解决”以及“以网治网”的互联网源头治理愿景。由此可见，我国司法ODR在探索智慧法院建设、互联网法院建设以及异步审理模式等体制机制创新的发展进程中所总结出的宝贵经验，不仅为推进中国式司法现代化作出了数字赋能的原创性贡献，而且为推动中华司法文明的繁荣发展作出了引领世界司法改革走向的历史性贡献，更为构建网络空间命运共同体的数字治理格局贡献了具有中国智慧的“网上枫桥经验”，真正实现了以文化输出展示文化自信，以文化自信助推世界格局发展的时代伟力。

第三章

我国线上纠纷解决机制的正当性与适用性分析

我国的线上纠纷解决机制（ODR）秉承以维护人民权益为核心、以科技服务百姓为本质、以解决矛盾纠纷为导向，更要以ODR的正当性和适用性分析作为考量ODR解纷质效的前提基础。基于我国ODR已经搭建出集“政务、民间、司法”于一体的三元式治理模型，既体现了我国ODR在多元化纠纷解决机制中的线上化模式创新，又成功呼应了管理学中“网络化治理（Government by Network）”的多元共治理念。创新加入政务ODR板块之后，我国ODR有望从诉讼与非诉讼双轨并行式的线上维权途径提升为公共管理领域中的新型治理模型，进一步为我国网络空间治理强基固本、提质增效作出应有贡献。本章将结合管理学中的宏观分析模型（PESTEL），以市场化的战略分析为研究视角，从政治（Political）、经济（Economic）、社会（Social）、技术（Technological）、环境（Environmental）、法律（Legal）六大因素分析我国ODR发展的时代机遇，以证成我国ODR的正当性研究。在扩展我国ODR理论研究价值的同时，更要重点围绕我国ODR的实际适用情况，以可持续发展为目标导向，充分考量ODR在实践应用过程中对个体、组织、社会三层维度的适用性分析。

第一节 我国线上纠纷解决机制的正当性分析

一、政治导向因素

（一）国家政策导向指引 ODR 发展

国家出台的产业发展政策为我国 ODR 的发展指引方向。2013 年 11 月，中国共产党第十八届中央委员会第三次全体会议审议通过的《中共中央关于全面深化改革若干重大问题的决定》（以下简称《决定》）中明确提出了："全面深化改革的总目标是完善和发展中国特色社会主义制度，推进国家治理体系和治理能力现代化。""创新社会治理，必须着眼于维护最广大人民根本利益，最大限度增加和谐因素，增强社会发展活力，创新有效预防和化解社会矛盾纠纷体制，健全公共安全体系。"《决定》指出的"推进国家治理体系和治理能力现代化"，以及"创新社会治理"两个政策导向直接明确了创新社会治理体系的总基调和大方向，也为我国 ODR 的创新发展提供了宝贵的历史机遇。

2015 年 10 月 13 日，由习近平总书记主持召开的中央全面深化改革领导小组第十七次会议审议通过了《关于完善矛盾纠纷多元化解机制的意见》，并指出完善矛盾纠纷多元化解机制，对于保障群众合法权益、促进社会公平正义具有重要意义。要坚持党委领导、政府主导、综治协调，充分发挥各部门职能作用，引导社会各方面力量积极参与矛盾纠纷化解；坚持源头治理、预防为主，将预防矛盾纠纷贯穿重大决策、行政执法、司法诉讼等全过程；坚持人民调解、行政调解、司法调解联动，鼓励通过先行调解等方式解决问题；坚持依法治理，运用法治思维和法治方式化解各类矛盾纠纷。要着力完善制度、健全机制、搭建平台、强化保障，推动各种矛盾纠纷化解方式的衔接配合，建立健全有机衔接、协调联动、高效便捷的矛盾纠纷多元化解机制。为贯彻落实《中共中央关于全面推进依法治国若干重大问题的决定》以及《关于完善矛盾纠纷多元化解机制的意见》。2016 年 6 月 28 日，最高人民法院发布了《关于人民法院进一步深化多元化纠纷解决机制改革的意见》（以下简称《意见》）。《意见》指出的要加强“一站式”纠纷解决平台建设、创新在线纠纷解决方式、完善繁简分流机制、完善司法确认程序、推动立法进程等发展方针，为我国 ODR 在诉讼与非诉讼模式之间的创新协作与源头治理提供了绝佳的进路指引和权威支持，更为我国电子法庭、互联网法院、智慧法院等司法 ODR 的制度建设打下了坚实基础。

2017 年党的十九大报告明确指出，要加强互联网内容建设，建立网络综合治理体系，营造清朗的网络空间；打造共建共治共享的社会治理格局；善于结合实际创造性推动工作，善于运用互联网技术和信息化手段开展工作。ODR 虽然不具有建立网络空间治理体系的核心力量和治理水平，但是我国

ODR 凝聚了民间 ODR、司法 ODR 与政务 ODR 三种治理模式，充分组成了以“政务 ODR 预防为先、民间 ODR 优位挺前、司法 ODR 裁判终局”的 ODR 治理体系，不仅充分呼应了党的十九大报告所提到的发展方针内容，还有效展现了“线上纠纷线上解决”的网络空间源头治理理念，为加快推进国家治理体系和治理能力现代化作出新贡献。

在“十四五”规划纲要中，第五篇“加快数字化发展建设数字中国”中提出了要培育壮大人工智能、大数据、区块链、云计算、网络安全等新兴数字产业；加快数字社会建设步伐，适应数字技术全面融入社会交往和日常生活新趋势，促进公共服务和社会运行方式创新，构筑全民畅享的数字生活；提高数字政府建设水平，将数字技术广泛应用于政府管理服务，推动政府治理流程再造和模式优化，不断提高决策科学性和服务效率。第十四篇“增进民生福祉提升共建共治共享水平”中提出了要构建基层社会治理格局，健全党组织领导的自治、法治、德治相结合的城乡基层社会治理体系，完善基层民主协商制度，建设人人有责、人人尽责、人人享有的社会治理共同体；健全社会矛盾综合治理机制，坚持和发展新时代“枫桥经验”，构建源头防控、排查梳理、纠纷化解、应急处置的社会矛盾综合治理机制。畅通和规范群众诉求表达、利益协调、权益保障通道，完善人民调解、行政调解、司法调解联动工作体系。健全矛盾纠纷化解机制，充分发挥调解、仲裁、行政裁决、行政复议、诉讼等防范化解社会矛盾的作用。完善和落实信访制度，依法及时就地解决群众合理诉求。尽管“十四五”规划中没有明文指出对我国 ODR 的内容建设，但我国 ODR 可以依据以上相关发展规划，吸收人工智能、大数据、区块链等新兴产业技术作为 ODR 的技术支持，推广 ODR 的适用场景为化解网络矛盾纠纷和提供数字政务服务提升质效，融合 ODR 多元共治的网络空间治理格局为广大网民提供共建共治共享的和谐网络空间，使其成为“线上纠纷不落地”的新时代“网上枫桥经验”。

（二）数字政府建设推动 ODR 创新

数字政府建设中的数字治理新模式推动了我国 ODR 的创新实践。党的十九届四中全会首次提出推进数字政府建设的概念，“提高数字政府建设水平”也成为我国“十四五”规划中的重点发展方向。数字政府是依托互联网 ICT 实现政府管理服务信息化与数字化的优化模式建设，更是推进政府数字治理模式创新的动力源泉。数字治理是新公共管理理论创新与实践的数字化发展方向，其代表人物是英国学者帕却克·邓利维（Patrick Dunleavy）。[①] 数字治理通过互联网 ICT 紧密连接了政府与市民的空间距离，通过建立扁平化的工作系统简化政务服务流程，进而实现更加民主化的善治模式。[②] 我国数字政府已经大力开展网上信访流程和数字化政务服务平台建设，通过搭建简

---

① 刘淑春：《数字政府战略意蕴、技术构架与路径设计——基于浙江改革的实践与探索》，《中国行政管理》2018 年第 9 期。

② 徐晓琳、刘勇：《数字治理对城市政府善治的影响研究》，《公共管理学报》2006 年第 1 期。

洁的线上操作模式既可让市民直接传递心声且直达政府单位、随时随地反映情况和查询进度，还可以让网民通过移动终端的APP软件感受“一站式”的政务服务，从医保、社保到司法公证，从教育就业到文旅体育，从生活服务到基层治理线上化的优化模式真正为人民实现了“零在途时间”的“指间”政务服务体验。

网上信访实现了百姓寻求公权力救济的在线解纷模式。网上信访不仅体现了政务服务的信息化发展模式，还展现了我国ODR网络化治理模式（Government by Network）的多元共治与协同创新。网上信访类政务ODR的创新模式为百姓表达个人诉求、寻求公权力救济提供了简易的操作模式和高效的信访路径，为政府开创数字治理模式服务于民的民本理念提供了数字化的权威保障。市民通过网上信访反映问题更多是为了解决现实问题，即使网上信访坚持“属地管理、分级负责，谁主管、谁负责”的信访工作原则，但主动寻求政府来协助维权的百姓内心更多表达的是人民对政府的信任。正是人民的信任和寄托使得网上信访等政务ODR真正成为我国ODR创新发展必不可少的一支重要力量。由此可见，我国以人民为中心的发展思想有效促进ODR突破传统研究范式，实现ODR在其概念内涵上的原创理论发展。我国集“民间ODR、司法ODR、政务ODR”三元式的ODR治理体系，充分展现了我国ODR多元共治、协作互信的网络化治理模式①和数字化服务意涵，更为全

① 韩兆柱、单婷婷：《网络化治理、整体性治理和数字治理理论的比较研究》，《学习论坛》2015年第7期。

球 ODR 治理体系和治理模式研究中融入了更加深厚且有思想有底蕴的理论价值和实践意义。

二、经济驱动因素

（一）数字经济发展助力 ODR 维权

数字经济模式的创新发展同步需要数字化的维权模式助力同行。数字经济是继传统农业经济与工业经济之后的经济模式新样态。中国在 2016 年《G20 数字经济发展与合作倡议》中指出："数字经济是指以使用数字化的知识和信息作为关键生产要素、以现代信息网络作为重要载体、以信息通信技术的有效使用作为效率提升和经济结构优化的重要推动力的一系列经济活动。"① 互联网时代的到来开拓了传统实体产业的线上化运营模式，通过互联网 ICT 打开了与世界相连通的全球化市场发展和国际化商业模式。我国正在不断形成"产业数字化"和"数字产业化"的二元数字经济发展模型，为我国"十四五"规划纲要中"打造数字经济新优势"的明确发展进路提供产业新支撑。

数字经济驱动数字化企业成为新经济环境下的核心基础建设。一方面，传统实体产业通过融合数字技术同步建成网络空间中的虚拟运营平台，深度挖掘互联网技术模式下的潜在商业

---

① 裴长洪、倪江飞、李越：《数字经济的政治经济学分析》，《财贸经济》2018 年第 9 期。

价值，逐渐形成产业数字化的转型新模式。例如，从线下贸易到电子商务、从传统家居到智慧家居、从实体餐饮到线上订餐等传统产业都在乘着数字经济的发展浪潮实现产业数字化巨变，在突破传统线下社会空间局限性的同时，开辟线上空间的新兴市场环境，逐步建设更具影响力的品牌价值和产业价值。另一方面，支持具有信息与数字高端技术的科技公司积极与商业体系相融合，有序形成数字产业化的实体市场规模，从而实现科技成果转化落地的数字经济新价值。例如，将大数据中心、人工智能、5G 网络等电子信息制造业的科技创新成果及时转化为实体应用产业格局，不仅能够有效促进科技产业的可持续性发展，为本土化科技产业的创新应用与技术研发提供内循环，更能加快推进科技强国与数字中国的建设步伐，从而进一步提高我国民族产业在世界舞台外循环中的影响力和话语权。然而，不论是“产业数字化”还是“数字产业化”，开拓新的运营环境和商业模式都将面临着新的权利冲突和挑战。中国数字经济的崛起更多依靠“人口红利”“网民红利”“市场红利”。[①] 因此，在加快数字经济发展的同时，更要及时补足我国权利救济模式的产业数字化发展，推动 ODR 成为维护数字经济持续健康发展的数字治理体系，同步助力拥有庞大网民规模的中国数字社会在更加完善的法律规制内行稳致远。

---

① 刘淑春：《中国数字经济高质量发展的靶向路径与政策供给》，《经济学家》2019 年第 6 期。

（二）维权成本压缩降低 ODR 门槛

ODR 通过压缩维权成本提供更加便民利民惠民的解纷服务。《中华人民共和国消费者权益保护法》第三十九条明确规定：消费者和经营者发生消费者权益争议的，可以通过下列途径解决：（1）与经营者协商和解；（2）请求消费者协会或者依法成立的其他调解组织调解；（3）向有关行政部门投诉；（4）根据与经营者达成的仲裁协议提请仲裁机构仲裁；（5）向人民法院提起诉讼。但有学者曾调查发现“过高的维权成本会成为影响消费者选择维权或放弃维权的因素之一”①。还有学者分析发现倘若经历了高昂的维权费用（费用支出）、漫长的诉讼周期（耗费时间）和复杂的举证流程（操作模式），所消耗的机会成本（个人时间）和精力成本远大于预期能够获得的赔偿金额，倒不如放弃维权而选择沉默。② 可想而知，为广大消费者建立一套便捷高效且价格低廉的维权体系和维权路径，将会重新唤起多少位“曾经无声的呐喊”。然而，我国具有民间、司法、政务三元式的 ODR 维权体系真正充当了这位数字正义勇士。ODR 通过依托互联网的技术优势为百姓提供了多元化的维权路径、压缩了绝大部分的维权成本，甚至我国电商平台内部还自带了完全免费的 ODR，用户的交易信息和协商内容完好地保存在平台数据库，无须增加跨平

① 何颖、季连帅：《论我国消费者维权成本过高的原因及解决对策》，《学习与探索》2013 年第 6 期。

② 张璐、周晓维：《论维权成本与消费者权益保护》，《西北农林科技大学学报（社会科学版）》2013 年第 5 期。

台操作举证的复杂程序，简化用户端的操作模式，从而提高用户体验感、用户信任度、用户黏度。我国 ODR 通过建立足不出户即可实现“指间解纷”的数字化维权模式，真正降低了百姓寻求权利救济的维权门槛，能够让更多有解纷需求的广大人民群众真正体验并感受到我国 ODR 所呈现的通往数字正义的全新路径。

三、社会需求因素

（一）矛盾纠纷亟须 ODR 化解

ODR 不仅可以有效化解网络空间中的矛盾纠纷，还能为线下矛盾纠纷提供便捷的解纷途径，从而实现分流诉讼压力的辅助作用。随着数字经济的高速发展，我国涉及互联网内容的线上纠纷呈现出样态多元、数量递增的发展趋势，2018 年 9 月 9 日至 2021 年 5 月 31 日，北京互联网法院共受理案件 102585 件，其中涉及社交媒体平台的 23781 件，占比 23.13%。[①] 网上侵权纠纷、网络产品责任纠纷、网络购物合同纠纷、网络服务合同纠纷等涉及互联网内容的矛盾纠纷数量只增不减，亟须加大具有网络空间治理属性的 ODR 治理体系，通过从纠纷预防到诉源治理再到司法终局的治理功能，尽可能地实现“网上纠纷网上化解”，避免线上纠纷流入线下解纷渠道增加线下人民

---

① 赵岩：《案件数量逐年攀升 侵权类纠纷绝对多数》，载《人民法院报》2021 年 6 月 6 日，第 4 版。

法院的额外诉讼压力。

2020 年最高人民法院工作报告中的数据显示：“最高人民法院受理案件 39347 件，审结 35773 件；地方各级人民法院和专门人民法院受理案件 3080.5 万件，审结、执结 2870.5 万件，结案标的额 7.1 万亿元。2020 年诉前成功调解 424 万件民商事纠纷，同步增加 191%。全国人大代表、全国政协委员积极参与矛盾纠纷多元化解，人民法院对接‘老马工作室’等代表委员调解工作站，合力化解纠纷。全国法院受理诉讼案件数量在 2016 年、2019 年先后突破 2000 万件和 3000 万件关口的情况下，出现 2004 年以来的首次下降，特别是民事诉讼案件以年均 10% 的速度持续增长 15 年后首次下降，充分体现了在各级党委领导下推进一站式多元解纷机制建设，促进矛盾纠纷源头治理、多元化解的显著成效。”由此可见，最终进入线下人民法院的案件量远超互联网法院的诉讼压力，且随着多元化纠纷解决机制的扩大建设真正通过案件分流的方式有效缓解了诉讼压力。因此，当我国 ODR 在专注解决线上矛盾纠纷的同时，应适当加大 ODR 的人力资源配置，通过优先加大民间 ODR 的队伍建设和适用范围，为线上与线下二维空间的矛盾纠纷提供高效便捷的解纷途径，为分流诉讼压力作出现代化与信息化建设的表率作用。与此同时，为更好满足老年当事人对涉网纠纷的线上诉讼需求，杭州互联网法院还专门出台了《关于为老年人提供优质在线诉讼服务切实保障诉讼权益的意见》，通过设立老年人诉讼服务专线，由专门的工作人员为老年人提供更加周全便利的线上线下流程指引服务，协助老年人完成在线诉讼注册认证、起诉应诉、举证质证、庭审等流程操作；通过优化在线诉讼平台的界面交互功能、加大诉讼文书字体和行间距，打造简洁、易用、易看的在线诉讼“长辈模式”，① 真正做到了以人民的需求为出发点，以我国社会发展所面临的人口老龄化为问题导向，通过建立易于老年人参与的诉讼绿色通道，为全年龄段的纠纷当事人提供公平正义高效便捷的司法服务体系，有序实现我国 ODR 的适老化发展，让更多不同年龄段的受众人群切身感受到 ODR 所带来的数字红利。

（二）就业压力急需 ODR 缓解

加大我国 ODR 建设力度可以为社会提供部分就业机会，缓解我国当前社会发展面临的就业压力难题。随着数字经济和科学技术的高速发展，部分传统实体产业中的员工数量逐渐被智能化的机械设备和管理体系所压缩，就此产生了经济上去了但就业下来了的发展怪象。尽管我国 ODR 无法为涉及所有行业的人员都提供就业机会，但率先可以为想要从事法律相关行业的待业者提供部分工作机会。2018 年 3 月 28 日，中央全面深化改革委员会第一次会议审议通过了《关于加强人民调解员队伍建设的意见》，明确提出了人民调解是在继承和发扬我国民间调解优良传统基础上发展起来的一项具有中国特色的法律制度，是公共法律服务体系的重要组成部分，在矛盾纠纷多

① 余建华：《打造在线诉讼“长辈模式”》，载《人民法院报》2020 年 12 月 17 日，第 4 版。

元化解机制中发挥着基础性作用。人民调解员是人民调解工作的具体承担者，肩负着化解矛盾、宣传法治、维护稳定、促进和谐的职责使命。加强人民调解员队伍建设，对于提高人民调解工作质量，充分发挥人民调解维护社会和谐稳定“第一道防线”作用，推进平安中国、法治中国建设，实现国家治理体系和治理能力现代化具有重要意义。

据中国司法部数据统计，目前全国共有人民调解委员会76.6万个，村（社区）人民调解委员会65.7万个，人民调解员366.9万人，其中专职调解员49.7万人。全国人民调解组织每年调解各类矛盾纠纷达900万件左右，调解成功率在96%以上。2019年司法部发布《全面深化司法行政改革纲要（2018—2022年）》中明确提道：“要深化律师制度改革，到2022年，全国律师总数达到62万人，每万人拥有律师数达4.2名。中央和国家机关各部委，县级以上地方各级党政机关、人民团体普遍设立公职律师，公职律师达到3.5万名；国有大中型企业、重点民营企业普遍设立公司律师，公司律师达到1.5万名。”《2019年政府工作报告》中也将“稳就业”置于“六稳”之首，同时强调“高度关注就业问题，防止大规模裁员”。[①] 从以上数据分析得出，稳定就业问题是当前我国发展进程中不可逃避的现实问题，我国法治事业对于法律人才队伍建设更是求贤若渴。同时，以人民调解的非诉解纷方式可

① “六稳”代表“稳就业、稳金融、稳外贸、稳外资、稳投资、稳预期”。沈国兵：《“新冠肺炎”疫情对我国外贸和就业的冲击及纾困举措》，《上海对外经贸大学学报》2020年第2期。

以有效缓解每年数以百万计的矛盾纠纷进入司法诉讼程序，且调解成功率非常可观，可以适当调整待就业的法律专业人力资源配置到线上与线下的非诉解纷平台或机构中，缓解部分就业压力并同步提升诉源治理的解纷质效。因此，设想 2022 年我国律师达到 62 万人，倘若有暂时未就业且具有法律从业资格的人员可以优先聘用到民间 ODR 平台，通过优先开展非诉工作提前积累实践经验。民间 ODR 平台不仅可以聘用本地区的待业人员促进就业，还可以在全国范围内实现异地（临时）就业，充分发挥互联网 ICT 的绝对优势，将全国的法律人才整合并统筹在 ODR 平台内部，实现法律人力资源储备库从而促进就业。再通过细化法律人才的专项优势，将人力资源配置进行类型化区分，从而有针对性地提供法律服务和法律帮扶，以线上 ODR 和线下 ADR 双轨并行式的非诉解纷途径提升诉源治理对诉讼压力的缓解能效。

四、技术支持因素

（一）大数据技术解析 ODR 趋势

借助大数据分析技术剖析我国 ODR 的适用规模和路径趋势，有针对性地优化 ODR 的技术短板。大数据（Big Data）一词在与互联网相关的议题中显得格外亮眼，因为现阶段的社会进步与发展离不开互联网和数据的广泛支撑，每个人只要通过移动终端设备接入了互联网就会产生今日的个人数据，可见人类社会和信息数据已经普遍融合在了一起并形成了“人、机、物”三元融合的大数据时代。[①] 尽管大数据已经成为口口相传（Word of Mouth）的日常用语，但学术界依旧尚未对其概念定义达成统一认可，有学者支持大数据需满足3V定义，即规模性（Volume）、多样性（Variety）和高速性（Velocity），[②] 也有学者在3V基础上加入价值大密度低属性（Value）而形成的4V属性，[③] 更有学者在4V基础上融入难辨识（Veracity）而形成的5V学说。[④] 由此可见，大数据和ODR的概念意涵具有相似性的发展规律，学术界对其二者的学理研究都会随着科学技术的发展而不断探索出更新颖的概念和更丰厚的价值，秉承以科技服务人类的发展理念，进而不断发现“科技新大陆”。

涉及互联网的产业和领域每天都会产生庞大体量的用户数据。例如，“淘宝网会员超过3.7亿，在线产品超过8.8亿，每天交易数千万笔，产生约20TB数据”。[⑤] 但从积极的角度出发，尽管处理体量如此庞大的数据是个艰难的挑战，但大数据中所蕴藏的信息和可挖掘的价值也是远超人类想象的，[⑥] 否

---

① 转引自：李国杰、程学旗：《大数据研究：未来科技及经济社会发展的重大战略领域——大数据的研究现状与科学思考》，《中国科学院院刊》2012年第6期。

② 孟小峰、慈祥：《大数据管理：概念、技术与挑战》，《计算机研究与发展》2013年第1期。

③ 李国杰、程学旗：《大数据研究：未来科技及经济社会发展的重大战略领域——大数据的研究现状与科学思考》，《中国科学院院刊》2012年第6期。

④ 程学旗、靳小龙、王元卓、郭嘉丰、张铁赢、李国杰：《大数据系统和分析技术综述》，《软件学报》2014年第9期。

⑤ 李国杰、程学旗：《大数据研究：未来科技及经济社会发展的重大战略领域——大数据的研究现状与科学思考》，《中国科学院院刊》2012年第6期。

⑥ 邬贺铨：《大数据时代的机遇与挑战》，《求是》2013年第4期。

则，美国政府也不会将大数据称为“未来的新石油”，[①] 可见其内在价值的深厚意涵。同理，通过收集整合有关我国ODR的大数据信息，再逐步开展数据清洗、数据归类、数据分析的程序步骤挖掘探索出我国ODR的适用规律和全新价值。例如，通过大数据分析出我国ODR的哪种解纷模式是适用量最多的、哪种解纷途径是用户反馈最佳的、哪种维权方式是纠纷当事人首选的，以及哪种ODR的解纷效果是最差的等海量分析结果。基于大数据分析生成的宝贵数据资源，足以深度剖析我国ODR的当前发展情况和适用趋势，通过更有针对性地补足弱项完善强项，打造更加符合互联网用户行为的ODR解纷服务体系，才能真正发挥大数据分析所展现的优化作用。

（二）区块链技术辅助ODR存证

区块链存证技术辅助ODR甄别电子数据证据去伪存真。2008年由“中本聪”（Satoshi nakamoto）在密码学邮件组发表的《比特币：一种点对点电子现金系统》中首次提出区块链技术在比特币场景中的去中心化分布式网络账本系统功能。[②] 区块链基于P2P网络（Peer to Peer network）实现将所有节点地位对等式地联系在一起，以扁平化和去中心化的结构模式实

---

① 程学旗、靳小龙、王元卓、郭嘉丰、张铁赢、李国杰：《大数据系统和分析技术综述》，《软件学报》2014年第9期。

② 袁勇、王飞跃：《区块链技术发展现状与展望》，《自动化学报》2016年第4期。

现各节点之间的连通交互,[①] 以其不可篡改性和非对称加密的方式实现电子信息的数据共享,[②] 真正为电子数据类证据的存证与固定提供了全新的信用保障机制。随着我国杭州、北京、广州三家互联网法院的逐一建成，区块链技术也已经成为司法ODR 存证的得力助手。杭州互联网法院不仅为当事人提供接入公证处、司法鉴定中心、法院等的“司法区块链”，还提供了可实现第三方取证存证的平台服务商;[③] 北京互联网法院秉持“中立、开放、安全、可控”的原则，联合北京市高院、司法鉴定中心、公证处等司法机构，以及行业组织、央企、金融机构、互联网平台等 20 家单位作为节点共同组建“天平链”，为当事人打造社会影响力高、产业参与度高、安全可信度高的司法联盟区块链；广州互联网法院构建具有可信电子证据平台和司法信用共治平台“一链两平台”的“网通法链”，构筑去中心化的信任社会。

2018 年 9 月 7 日，最高人民法院发布并实施的《最高人民法院关于互联网法院审理案件若干问题的规定》第十一条明确规定了区块链在互联网法院中的直接效用：“当事人提交

---

① 沈鑫、裴庆祺、刘雪峰:《区块链技术综述》,《网络与信心安全学报》2016 年第 11 期。

② 张玉洁:《区块链技术的司法适用、体系难题与证据法革新》,《东方法学》2019 年第 3 期。

③ 第三方存证则是指，在诉讼案件无利害关系的第三方平台上存储证据，包括但不限于专业进行电子数据存储和管理的第三方公司平台上的电子数据证据。杭州互联网法院网站上公布的第三方存证平台包括：安存、可信时间戳、保全网、e 签宝、范太联盟、中国云签、链证通、CFCA、e 照通、原本共 10 家。史明洲:《区块链时代的民事司法》,《东方法学》2019 年第 3 期。

的电子数据，通过电子签名、可信时间戳、哈希值校验、区块链等证据收集、固定和防篡改的技术手段或者通过电子取证存证平台认证，能够证明其真实性的，互联网法院应当确认。”[①]以其中的哈希值（HASH）校验为例，每个电子数据文件通过最常使用的MD5、SHA1算法进行加密运算都会生成与其唯一对应的“哈希值”（一组二进制值），犹如人类的指纹具有专属性一样，[②]但反向从哈希值解码出电子数据信息几乎是不可能的，这种单向密码学技术非常适合应用到区块链存证技术中。[③]一旦电子数据文件因外界因素影响而产生轻微变更时，其原始哈希值也会随之而改变。因此，当一方节点（或当事人）上链的电子数据证据哈希值与其他节点（如第三方电商平台）上链的所对应的原电子数据信息哈希值不一致时，即可认定该电子数据证据曾进行过修改，从而否定其真实性、影响其证明力及法律效力。[④]正如，2021年8月1日开始实施的

---

① 张玉洁：《区块链技术的司法适用、体系难题与证据法革新》，《东方法学》2019年第3期。

② 武利庆、杨彬、张宁、高颖：《哈希值校验技术在电子数据防篡改中的应用初探》，《中国计量》2021年第4期。

③ 陈全真：《区块链存证电子数据的司法适用》，《人民司法》2019年第4期。

④ 刘品新：《论区块链存证的制度价值》，《档案学通讯》2020年第1期。

《人民法院在线诉讼规则》第十六条至第十九条①所规定的，通过区块链技术存储的电子数据上链前与上链后的真实性作出审查判断的规则指引为准则。由此可见，区块链技术的应用不仅可以为我国 ODR 建设提供公平、公正、公开的官方与第三方存证平台和信用平台，还能充分融合传统计算机密码学技术与区块链技术，进而高效实现实现“1 +1 >2”的科技新支撑和质证新路径。

---

① 《人民法院在线诉讼规则》第十六条：当事人作为证据提交的电子数据系通过区块链技术存储，并经技术核验一致的，人民法院可以认定该电子数据上链后未经篡改，但有相反证据足以推翻的除外。第十七条：当事人对区块链技术存储的电子数据上链后的真实性提出异议，并有合理理由的，人民法院应当结合下列因素作出判断：（一）存证平台是否符合国家有关部门关于提供区块链存证服务的相关规定；（二）当事人与存证平台是否存在利害关系，并利用技术手段不当干预取证、存证过程；（三）存证平台的信息系统是否符合清洁性、安全性、可靠性、可用性的国家标准或者行业标准；（四）存证技术和过程是否符合相关国家标准或者行业标准中关于系统环境、技术安全、加密方式、数据传输、信息验证等方面的要求。第十八条：当事人提出电子数据上链存储前已不具备真实性，并提供证据证明或者说明理由的，人民法院应当予以审查。人民法院根据案件情况，可以要求提交区块链技术存储电子数据的一方当事人，提供证据证明上链存储前数据的真实性，并结合上链存储前数据的具体来源、生成机制、存储过程、公证机构公证、第三方见证、关联印证数据等情况作出综合判断。当事人不能提供证据证明或者作出合理说明，该电子数据也无法与其他证据相互印证的，人民法院不予确认其真实性。第十九条：当事人可以申请具有专门知识的人就区块链技术存储电子数据相关技术问题提出意见。人民法院可以根据当事人申请或者依职权，委托鉴定区块链技术存储电子数据的真实性，或者调取其他相关证据进行核对。

五、环境保护因素

（一）绿色发展理念支持 ODR 运行

绿色发展理念贯穿我国 ODR 运行机理，无纸化办公模式积极响应“两山理论”。早在 2005 年，习近平总书记在浙江省安吉县余村考察时就提出了：“绿水青山就是金山银山。我们过去讲既要绿水青山，也要金山银山；其实绿水青山就是金山银山”的“两山理论”。[①]“两山理论”不仅蕴含着人与自然的绿色发展理念，[②] 而且反映出生态文明建设所要处理和认识的经济发展与生态保护之间的内在关系，[③] 还充分展现出马克思主义社会生产力和生态环境的和谐一体化科学发展观念。[④]“绿色发展反映了人与环境的和谐共融会推动生产力的巨大飞跃”，[⑤]“坚持绿色发展理念的根本立足点首先在于生产

---

① 杨莉、刘海燕：《习近平“两山理论”的科学内涵及思维能力的分析》，《自然辩证法研究》2019 年第 10 期。

② 绿色发展理念是我国创新、协调、绿色、开放、共享“五大发展理念”中着力解决人与自然和谐关系的发展理念。陈金龙：《五大发展理念的多维审视》，《思想理论教育》2016 年第 1 期。

③ 梨祖交：《对树立和践行“绿水青山就是金山银山”理念的十点思考》，《高科技与产业化》2018 年第 11 期。

④ 卢宁：《从“两山理论”到绿色发展：马克思主义生产力理论的创新成果》，《浙江社会科学》2016 年第 1 期 。

⑤ 黄茂兴、叶琪：《马克思主义绿色发展观与当代中国的绿色发展——兼评环境与发展不相容论》，《经济研究》2017 年第 6 期。

力的发展”,[①] 从而实现将“绿色发展”的思想和理念贯穿于社会进步与科技发展之中。[②]

我国 ODR 的社会生产力充分展现出以保护生态环境为发展导向，通过依托互联网 ICT 开展全流程无纸化办公的绿色服务理念，从而实现在法治建设中树立绿色法律文化。[③] ODR 所体现的绿色服务理念是融合了绿色自然与绿色经济的双重理念，一方面表达了 ODR 无纸化操作流程和电子化执行模式对森林和水源保护的绿色自然理念；另一方面体现了 ODR 便利化操作模式和数字化技术支持对压缩解纷成本和缩短诉讼周期的绿色经济理念。从民间 ODR 到司法 ODR 再到政务 ODR，我国 ODR 的广泛适用从多维度同步推进绿色服务理念建设、呼吁百姓优选绿色解纷服务、提倡自然资源保护善举，力争将我国 ODR 打造成为“绿色服务于人民，人民服务于绿色”的人与自然协同共进、和谐共生的精神文明新标志、生态文明新符号。

（二）节能降碳减排促进 ODR 升华

成本低周期短质效强的 ODR 民生福祉为国家节能降碳减排付出了巨大贡献。这不仅响应了“十四五”规划纲要中的生态文明建设实现新进步，更为我国 ODR 的可持续发展迎来

---

① 庄友刚：《准确把握绿色发展理念的科学规定性》，《中国特色社会主义研究》2016 年第 1 期。

② 邬晓霞、张双悦：《“绿色发展”理念的形成及未来走势》，《经济问题》2017 年第 2 期。

③ 周晓敏、杨先农：《绿色发展理念：习近平对马克思生态思想的丰富与发展》，《理论与改革》2016 年第 5 期。

宝贵机遇。2021 年 8 月 24 日，最高人民法院发布了《建设智慧法院　促进绿色发展　成效分析报告》（以下简称《报告》）。《报告》研究数据显示，2020 年，人民法院通过信息化手段服务人民群众、服务审判执行、服务司法管理，解决群众、干警出行约 935 亿公里，相当于节约标准煤 461 万吨、减少二氧化碳排放 941 万吨，节约纸张 145 亿张，相当于保护了 108 万棵树。传统线下模式若要达到线上模式的工作效果，需要耗费约 740 万人全年工作时间，耗费出行成本、印制成本、司法拍卖佣金等 952 亿余元；2020 年，全国法院通过网上立案、网上缴费、网上开庭、网上调解、跨域立案、12368 诉讼服务热线、网络司法拍卖等 9 项信息化应用，减少群众出行约 8800 万人次，减少出行约 63 亿公里；2020 年，全国法院接收网上立案 1080 万件，占一审立案量的 54%。相比传统线下法院现场立案方式，帮助诉讼参与人节约出行成本约 15.9 亿元，节约纸张约 1.2 亿张，节省当事人、律师时间约 4860 万小时；2020 年，通过调研、分析电子卷宗跨院调阅、远程执行指挥、“总对总”网络查询、“点对点”查控、远程提讯、视频会议等 10 项应用，全国法院干警节约时间约 145 亿小时，节约出行、印制等成本 780 亿余元；2020 年，全国法院运用网上办公平台办理电子公文约 710 万件，通过电子送达方式送达文书 2400 多万次，通过电子签章方式盖章文件 8800 万余次。相比传统纸质办公方式，节约纸张约 10 亿余张，节约印制成本 5 亿余元。[①]

① 孙航：《智慧法院建设算出一笔“绿色账”》，载《人民法院报》2021 年 8 月 25 日，第 1 版。

《报告》中按照同样的指标和测算方法还分析了2018年和2019年智慧法院促进绿色发展的成效，2018年，全国法院通过信息化应用，相比传统方式，相当于减少二氧化碳654.76万吨；2019年减少二氧化碳757.15万吨，较2018年提升15.64%；2020年减少二氧化碳941.44万吨，较2019年提升24.34%；2018年，全国法院通过信息化应用，相比传统方式，节省出行、印制、司法拍卖等成本701.45亿元；2019年节省成本802.35亿元，较2018年提升14.38%；2020年节省成本952.86亿元，较2019年提升18.76%。综上数据可见，我国司法ODR的创新实践与广泛应用在三年间共为国家减少二氧化碳排放量2353.35万吨、减少成本支出2456.66亿元，逐年均呈现稳定的增长趋势，为我国的绿色发展和节能降碳事业作出了司法领域前所未有的贡献和成效。因此，倘若仅从单一的实践视角观察ODR，其只是一种依托互联网ICT而形成的解纷机制，但是通过科技的支撑却赋予了ODR更丰富的价值和内涵。推广并使用ODR不仅可以从支持国家节能减排绿色发展的层面体现额外价值，更能展现维护人类命运共同体、保护世界生态环境的更高内涵。

六、法律规制因素

（一）法治建设引领ODR规范

随着推进全面依法治国的法治化建设，我国ODR同步实现更加科学的规范化与制度化建设。我国的ODR最初只适用

ADR 的解纷模式，通过 ADR 的线上化模式实现定分止争，更多依靠的是我国传统民间“以人情为基础，以道德为核心”约定俗成的无讼理念、“和谐和睦”的和合文化，以及对儒家礼治思想的悠久传承。但是，矛盾纠纷会随着科技的发展而迭代衍生出新的类型，百姓对于解决新型纠纷的公权力路径需求和制度建设也在与日俱增。从人民法院的信息化建设到智慧法院建设再到互联网法院的创新设立，我国 ODR 的发展进程逐步走向规范化与体系化。在司法 ODR 逐步实现创新发展的同时，我国颁布了《中华人民共和国电子商务法》《中华人民共和国民法典》《中华人民共和国数据安全法》《中华人民共和国个人信息保护法》，最高人民法院发布了《最高人民法院关于互联网法院审理案件若干问题的规定》《人民法院在线诉讼规则》，三所互联网法院也分别出台了《广州互联网法院关于在线庭审若干问题的规定（试行）》《关于电子数据存储和使用的若干规定（试行）》《北京互联网法院电子诉讼庭审规范》《杭州互联网法院诉讼平台审理规程》《网上庭审规范》《涉网案件异步审理规程（试行）》《电子送达规程》《民事诉讼电子数据证据司法审查细则》《区块链信息服务管理规定》等有关网上诉讼的全新规则。① 真正从法律规制完善和安全平稳运行的制度化与法治化发展路径全面保障了司法 ODR 实现司法裁判终局的在线流程规范性、诉讼主体真实性、信息数据保密性、电子证据可信性、线上审判高效性，为诉讼参与人提供线

---

① 孟焕良、吴巍：《杭州互联网法院：理念技术规则之变》，载《人民法院报》2019 年 9 月 24 日，第 6 版。

上化权威司法服务的同时，推动司法 ODR 真正成为通往数字正义的全新路径。

（二）源头治理展现 ODR 质效

我国 ODR 的多维度适用充分展现其源头治理的多层次意涵。依托我国 ODR 的“政务 ODR 预防为先、民间 ODR 优位挺前、司法 ODR 裁判终局”治理体系，ODR 可以展现出三种层次的源头治理能效。首先，第一层源头治理意涵是基于政务 ODR 的互联网舆情监测功能，在突发的网络舆论尚未扩张形成舆论场之际，将舆情锁定范围控制传播。网络舆情是社情民意在网络空间中的表现形式，当网民对舆情客体进行观点评判即产生了网络舆论。[①] 不论是网络舆情还是网络舆论都不能通过粗暴的“删除（删帖）”方式来消除源头，而是要尽早地对舆情内容进行权威调查和官方解释，第一时间为广大网友回应舆论真相，避免因处理方式不当形成网络舆论的“二次复燃”，反之，使用正确合理的回应方式才能为广大网络用户营造出天朗气清和谐有序的网络空间。

其次，第二层源头治理意涵是基于民间 ODR 非诉讼的线上解纷模式，高效化解线上与线下的矛盾纠纷实现诉源治理。互联网的高速发展与普及应用导致涉及互联网内容的纠纷数量急速增加、纠纷当事人身处异地的情况屡见不鲜。倘若将所有因权利冲突而产生的矛盾纠纷直接诉诸司法程序，势必影响审

① 李纲、陈璟浩：《突发公共事件网络舆情研究综述》，《图书情报知识》2014 年第 2 期。

判质效和司法公信力。因此，优先选用民间 ODR 化解矛盾纠纷，不仅可以为权利主体提供高效便捷且价格低廉的救济模式，以实现定分止争和诉源治理，还能有效缓解司法机关的诉讼压力，间接提升司法质效和司法公信力，为更加需要司法服务的当事人和疑难案件提供优质高效的司法服务和司法保障。

最后，第三层源头治理意涵是基于我国 ODR 三元递进式的治理体系，有效实现“线上纠纷线上解决”的网络空间源头治理意涵。我国 ODR 已经形成了由“政务 ODR 预防为先、民间 ODR 优位挺前、司法 ODR 裁判终局”的治理体系，面对不同类型的涉网纠纷和解纷需求 ODR 均能灵活适用，避免线上纠纷流入线下救济途径造成额外的压力与负担，从而真正展现 ODR 运用科技服务于百姓的数字治理内涵，有效实现“线上纠纷不下线”的网络空间治理愿景。ODR 会随着互联网技术的迭代发展而与网俱进，我国 ODR 的治理体系与治理能力也终会伴随科技进步而不断完善和有序发展，进而为我国网络空间治理事业提供成熟经验，为世界 ODR 发展提供更加完备的“中国经验”。

第二节　我国线上纠纷解决机制的适用性分析

一、我国线上纠纷解决机制对个体的适用性分析

（一）提供多元的线上化权利救济模式

ODR 为了不断满足人民群众对化解矛盾纠纷的多元解纷

需求，建成了集私力救济、社会救济、公力救济“三位一体”式的线上化权利救济模式，可供百姓灵活选择。科学技术的发展支持着我国 ODR 在化解矛盾纠纷途径上的创新实践。我国 ODR 已经突破了 ODR 发展初期的在线协商、在线调解、在线仲裁、在线众包式 ODR 等私力救济和社会救济的线上化 ADR（民间 ODR）的解纷模式，开拓了 ODR 在公力救济范畴内的诉讼新模式（司法 ODR）和政务新渠道（政务 ODR），为我国 ODR 的体系化发展和网络化治理提供了全新的理论依据和实践经验。构建多元化的权利救济模式可以有效满足不同人群对多元化解纷的现实需求，毕竟没有一种解纷途径可以完全满足所有纠纷当事人的解纷需求，也没有任意一种救济模式足以替代其他模式成为唯一路径。只有充分发挥每种解纷模式之间的优势互补作用，才能真正激发我国多元化纠纷解决衔接机制的驱动力和凝聚力，[①] 从而构建更加全面、更加完善、更加丰富的中国 ODR 治理体系。我国 ODR 真正秉承了多元共治的治理涵养，打造了集民间 ODR、司法 ODR、政务 ODR 的三元式 ODR 架构，充分发挥了多元解纷模式的优势互补作用，为维护当事人合法权益提供丰富救济路径的同时，稳步构筑起具有中国实践模式的 ODR 治理体系和理论模型。

（二）体验“7×24 小时”的移动阳光服务

ODR 真正满足了纠纷当事人对“7×24 小时”全天候的

---

① 龙飞：《论多元化纠纷解决机制的衔接问题》，《中国应用法学》2019 年第 6 期。

数字化解纷需求和信息化数据存储。依托互联网 ICT 的优势，ODR 的创新发展与技术完善为百姓实现了仅需一部手机或者一台电脑等移动终端设备就可以完成整个同步及异步解纷流程。ODR 的发展真正帮助了身处异地的纠纷当事人可以随时随地登录同一解纷平台，即时开展同步或异步的解纷流程，如此方便快捷的解纷途径让 ODR 实现了真正意义上的“指间解纷”新模式。对于绝大多数的 ODR 平台来说，普遍都需要双方当事人逐一上传与矛盾纠纷相关的文字、图片、音频、视频等电子数据类证据以佐证事实，双方上传到 ODR 平台中的所有信息及数据均可实现阳光保存并留痕备用，从而杜绝单方想要删除或修改原始信息的恶意行为。倘若双方优先通过线上协商未果，原始沟通的所有信息内容也会由平台统一保存，便于纠纷进入线上调解、线上仲裁后的协助调解员、仲裁员或者进入在线诉讼程序的司法审判机关对原始举证素材开展查询与调取工作，充分展现 ODR 平台数据存储功能对电子数据类证据真实性、关联性和客观性所提供的技术支持和服务保障。

（三）避免矛盾纠纷的“二次冲突恶化”

基于 ODR 可以为纠纷当事人提供多种线上化解纷模式作为选择，才能有效地避免当事人在线下的面对面沟通过程中，因使用过激的言语及态度导致纠纷难以化解或进一步恶化。同理，民间 ODR 可以将双方的沟通内容和沟通形式转化为平淡无声的文字，抑或通过调解员的技术操作实现双方当事人同步或异步的在线文字或视频沟通，间接地避免因双方当事人见面而产生额外的影响因素致使双方的纠纷受到“二次伤害”难以化解。[①] 对于企业间的纠纷问题而言，民间 ODR 更能凸显出其避免纠纷“二次伤害”的绝对优势。基于民间 ODR 的整个解纷流程可以保障纠纷双方信息的隐私性，有效地避免因司法审判的公开性以及社会舆论的传播性对企业的名誉及市场效益带来不可预测的“二次伤害”，也进一步凸显了民间 ODR 不仅可以高效便捷地化解小额纠纷，也可以为标的额较大的民事案件提供对抗性小、伤害性小、损失性小的化解之道。

（四）遵循低成本高收益的线上解纷效益

相较法院司法审判要投入的个人成本和诉讼周期来说，ODR 通过降低解纷成本、打破空间壁垒、保护个人权益等方式多维度提升纠纷当事人的解纷效益，实现以“成本最小化、效益最大化”为核心理念的惠民解纷机制。民间 ODR 不仅可以在空间和时间双重维度上为当事人节省高昂的律师费、诉讼费，异地纠纷或诉讼期间产生的额外交通费、住宿费，个人所投入的不可计量的时间、精力等个人成本，还可在更短的时间周期内化解矛盾纠纷，为当事人争取到高昂的机会成本以达到“低成本高收益”的经济效益模式。

（五）实现全球精英服务的信息资源共享

ODR 易于发挥互联网全球化的信息资源联通优势。通过整合全球范围内的人力资源和平台资源搭建数据库，为世界各

---

① 肖永平、谢新胜：《ODR：解决电子商务争议的新模式》，《中国法学》2003 年第 6 期。

地的解纷提请者提供其纠纷领域内富有资深经验的国内、国际调解员或仲裁员进行专业化、精准化的线上解纷服务。因此，ODR 既能真正实现为跨空间、跨国界、跨地域的纠纷人员提供线上化的高效解纷服务，还能间接协助司法机关解决异地纠纷难办理的现实难题。

二、我国线上纠纷解决机制对组织的适用性分析

（一）强化诉前分流的引导机制能效

对于司法机关来说，民间 ODR 的诉源治理功能可以优先通过分流诉讼压力、缓解资源紧缺、构建多元解纷渠道等方式间接提升法院的审判质量与审判效率，从而逐步促进司法公正和司法公信力的整体提升。民间 ODR 的实践与应用能够积极呼应案件繁简分流的改革目标，避免了因为纠纷问题简单、标的金额较小、规模种类繁多的涉网纠纷占用过多宝贵的司法资源，从而尽量避免“案多人少”“诉讼延迟”等消极情况发生。因此，优先使用民间 ODR 作为化解矛盾纠纷的解纷途径，既能够以更缓和的、对抗性弱的解纷途径实现定分止争，还能为司法机关实现诉前案源的引导与分流，从而间接提升司法质效。

（二）提升司法机关的公信力建设

民间 ODR 的诉前分流功能为人民法院以及司法 ODR 提供了更多的机会成本，为提升司法诉讼的公信力建设提供了更多可能。司法审判机关可以充分发挥民间 ODR 通过案件分流的

模式为其提供的时间机会成本，充分地分配和高效地使用有限的司法资源，为已经进入司法诉讼程序的诉讼案件和当事人提供更高效、更优质、更专业的司法服务。从而，以更加高质量、高效率、高满意度的司法审判结果服务广大人民，维护司法公正，提升司法公信力，真正实现让人民群众在每一个司法案件中切身感受到公平与正义。

（三）探索互联网治理的新技术与新规则

ODR的创新发展不仅发挥着解决涉网纠纷的基础作用，还积极承担着探索我国网络空间治理新路径与新模式的“先遣军”使命。基于当前区块链、大数据和人工智能等前沿科技的深度研究，我国互联网环境时刻面临着新的问题与挑战，涉及新兴技术的网络纠纷自然成为前所未有的科技难题。也正是处于“网络法治的灰度”[①] 阶段，才需要更多始于民间的、非官方的、非司法的ODR来全方位地探索与发现更符合我国互联网治理的有效模式与有效机制。探索的过程必然存在成功与失败，也正是基于民间ODR的多元性、灵活性和创新性，才能最大限度地凸显其“证伪”能效。最终能够通过我国互联网环境的甄别而持续经营运转的民间ODR模式，或许才是最符合我国互联网治理发展态势的优选模式，更能为我国网络空间治理体系提供更具创新性、针对性和高效性的脉络基石，真正发挥ODR立足国情实际、紧扣群众期待、引领未来发展的先遣成效。

---

① 周汉华：《网络法治的强度、灰度与维度》，《法制与社会发展》2019年第6期。

三、我国线上纠纷解决机制对社会的适用性分析

（一）科技支撑解析社会纠纷发展趋势

全面发挥互联网大数据的易采集性，助力解析我国 ODR 的发展态势。基于互联网应用技术的数据易采集特性，凡通过 ODR 解决的矛盾纠纷案件均可对其数据信息进行数量化、类型化和渠道化的综合性统计和趋势性分析。换言之，ODR 在发挥其解纷功能的同时，还可借助大数据的留痕功能，全面地统计由其程序解决的各省、市、县、乡、村范围内的矛盾纠纷数量、类型范畴、标的额大小、纠纷所在地等详细情况。再借助大数据与人工智能技术，ODR 背后的数据可以轻松地通过量化统计解析出我国当前涉网纠纷的发展趋势和突出的矛盾样态，还可以依据不同 ODR 模式的解纷情况，分析并总结出一套具有明细化的“涉网矛盾纠纷类型——ODR 解纷模式”实证参考体系，为今后更多的 ODR 组织机构提供一套精准、高效且符合我国互联网治理模式的参考建议基准，以整体提升 ODR 在我国实践应用中的公平执行标准与正义解纷效能。

（二）福祉建设转化互联网解纷思维

坚持便民利民惠民的现代化服务宗旨，实现互联网解纷思维的范式转变。ODR 的建设初衷是依托信息化、现代化技术手段为广大市民提供更加高效便利的解纷模式。然而，随着 ODR 在我国不断地创新与完善，民间 ODR 逐渐显现出更多便民利民惠民的解纷优势。

首先，民间 ODR 的介入要求降低了多元化纠纷解决机制的准入门槛。当事人免去了诉诸司法审判的烦琐与严谨，省去了传统调解的物理流程，直接借助互联网解纷平台的 ODR 服务就能轻松实现矛盾纠纷的及时化解，让纠纷当事人再次发现了一条更易于通往维护个人合法权益的正义道路。

其次，民间 ODR 的探索创制拉近了网民与国家治理体系的纵向距离。网民行为与国家治理看似相距甚远，实际上近在咫尺。民间 ODR 作为我国司法体制综合配套改革的经验前提和执行参照，其规则、制度和模式的拟定与实施均需要积累庞大的网民参与行为才能实现逐步推进与完善，更是基于每个独立的行为主体通过一次次的参与观察式探索才能造就更符合我国国情的现代化治理模式和治理体系。因此，民间 ODR 高效便捷的解纷模式背后是我国网民对国家治理体系探索的众志成城与默默奉献。

最后，民间 ODR 的创新实践促进了网民化解纠纷的思维范式转变。从婉转和谐的无讼思维到权威法定的审判思维，是社会、经济、文化的高速发展不断影响着多数人在解决矛盾纠纷时的思维方式。同理，民间 ODR 的多元模式与实践应用让我国网民开拓了信息化与现代化技术下解纷思维的范式维度，既可理解为依托互联网技术实现权利救济的 ODR 思维范式，也可理解为依托互联网技术实现矛盾纠纷源头治理的 ODR 思维范式。该思维范式的转变能够积极顺应互联网时代的创新思维，有效履行治理体系与治理能力的现代化发展，充分促进矛盾纠纷在网络空间中的源头治理，进而加快推动便民利民惠民政策成为实现“线上纠纷不落地”互联网治理愿景的有效支撑。

第四章

我国线上纠纷解决机制的时代意涵

互联网技术的高速发展与广泛应用加快了线下社会与线上社会的深度融合，百姓的线下生活模式也逐渐在网络空间中形成了相似的线上生活体验，对于化解矛盾纠纷的解纷理念也应并行不悖。正如习近平总书记指出的："社会治理模式正在从单向管理转向双向互动，从线下转向线上线下融合，从单纯的政府监管向更加注重社会协同治理转变。"① "枫桥经验"秉承"小事不出村，大事不出镇，矛盾不上交，就地解决"的基层社会治理内涵和解纷逻辑，而我国 ODR 的发展与适用可以充分呼应线上化"枫桥经验"的治理意涵，通过 ODR 对网络空间治理的支持，有效实现"线上纠纷线上解决""线上纠纷不下线""网上案件网上审理"等以网络空间为百姓生活基准圈的互联网源头治理模式，彰显我国"枫桥经验"与时俱进、与网俱进的创新发展理念及文化理论内涵，从而推动我国 ODR 成为新时代的"网上枫桥经验"金名片，进一步为世界

① 习近平：《加快推进网络信息技术自主创新 朝着建设网络强国目标不懈努力》，中国网信网，http：//www.cac.gov.cn/2016 - 10/09/c_ 1119682237.htm，访问日期：2019 年 8 月 23 日。

ODR 的发展格局提供具有原创性理论的“中国经验”。

第一节　新时代“网上枫桥经验”的创新实践

一、“枫桥经验”的网络化发展

“枫桥经验”是由中国共产党领导人民群众创造出的基层社会治理经验，是具有中国特色社会主义的经典理论范式。20世纪60年代以来，“枫桥经验”始终遵循发动和依靠群众就地解决矛盾纠纷的经验方式,[①] 在历经50余载推广与发展的同时，逐步褪去了社会主义教育运动阶段改造农村“四类分子”的历史风貌，有效推动了从群众广泛参与社会治安综合治理的经验模式向村民自治与基层民主法治建设的发展模式转化。“枫桥经验”不仅是基层社会治理的经典良方，还是促进社会和谐发展的前沿风尚。通过深入实施“四前”工作法和“四先四早”工作机制,[②] 有效实现了“小事不出村，大事不出镇，矛盾不上交”的诉源治理方式；通过牢牢坚持党建统领、人民主体、“三治融合”“四防并举”、共建共享的核心内

① 张文显、朱孝清、贾宇、汪世荣、曹诗权、余钊飞：《新时代“枫桥经验”大家谈》，《国家检察官学院学报》2019年第3期。

② 汪世荣：《“枫桥经验”：基层社会治理的实践（第2版）》，法律出版社2018年版，第244页。“四前”工作法，是指“组织建设走在工作前，预测工作走在预防前，预防工作走在调解前，调解工作走在激化前”；“四先四早”工作机制，是指“预警在先，苗头问题早消化；教育在先，重点对象早转化；控制在先，敏感问题早防范；调解在先，矛盾纠纷早处理”。

涵，为新时代“枫桥经验”“矛盾不上交、平安不出事、服务不缺位”的创新发展提质增效。从社会管制到社会管理，从社会管理再到社会治理，“枫桥经验”历久弥新，真正顺应了社会在各个发展阶段中的基本矛盾和解纷需求，有效实现了以人民为中心的发展思想和服务宗旨，充分彰显了我国政法工作对于基层社会治理问题的中国智慧和中国方案。[①]

频发的互联网矛盾纠纷引导网络社会建成“网上枫桥经验”。进入互联网时代后，百姓的生活、工作、社交均与互联网息息相关。新型权利纠纷的快速增长严重影响了传统线下非诉机构和司法机关的正常工作节奏，单凭线下方式解决线上与线下双重维度的矛盾纠纷将间接加剧诉讼延迟、资源配置紧缺以及司法公信力下滑等正义危机发生。因此，为了合理改善传统线下解纷方式的解纷质效，理应科学研判我国数字治理的全新路径，加快推广新时代“网上枫桥经验”的互联网源头治理理念，以逐步实现“线上纠纷线上解决”为解纷逻辑起点，稳步推进 ODR 成为互联网时代通向“数字正义”的风向标和路线图，更为推进国家治理体系和治理能力现代化凝心铸魂。

“枫桥经验”是基层社会治理的智慧结晶，是政法战线实现综合治理的旗帜典范，更是我国步入国际治理舞台的“中国名片”。“枫桥经验”通过秉承其“小事不出村，大事不出镇，矛盾不上交”的解纷逻辑，有效推进了基层社会矛盾纠

① 徐汉明、邵登辉：《新时代枫桥经验的历史地位与时代价值》，《法治研究》2019 年第 3 期。

纷的诉源治理，将矛盾纠纷化解在早、化解在小，实现矛盾不上交、平安不出事、服务不缺位的基层治理愿景。历经风雨50余载，“枫桥经验”历久弥新，历史的经验与传承为坚持“四个自信”贡献最好依据。文化自信可以突破时间与空间的隔阂，即使是互联网时代的ODR也能融入“枫桥文化”，使其增添网络空间治理的活力与自信，进而实现ODR与“枫桥经验”的解纷逻辑共通。

通过ODR化解网络空间中的权利冲突、实现定分止争，不仅外在具有现代化的治理体系构架和高效解纷能力，而且内在蕴藏着我国传统文化“枫桥经验”式的诉源治理解纷内涵。面对互联网时代的新型权利冲突，以及频频迸发的涉网矛盾纠纷，ODR始终通过树立“线上纠纷线上解决”和“以网治网”的解纷逻辑，加快构建网络空间中的诉源治理机制，进一步实现涉网纠纷化解在线上、化解在网内，从而推动ODR成为互联网时代的“网上枫桥经验”，使其成为推进国家治理体系和治理能力现代化的新鲜血液和新生力量。

二、“网上枫桥经验”的实践路径

2015年7月，国务院印发《关于积极推进“互联网+”行动的指导意见》，从国家战略发展的视角审视互联网技术与国家治理体系的深入融合和智慧再造，真正用互联网技术驱动“互联网+治理”的创新模式。在党的十八届五中全会上，习近平总书记强调，要充分利用互联网、大数据、云计算等信息化技术手段和方式，有效发挥其在国家社会治理中的积极作用。在2018年1月的中央政法工作会议上，中央政法委明确提出“网上枫桥经验”概念：要总结推广“网上枫桥经验”，推动社情民意在网上了解、矛盾纠纷在网上解决，努力使社会治理从单向管理向双向互动、线下向线上线下融合、单纯部门监督向社会协同转变。如何防治互联网、信息化、智能化带来的负面因素，实现网络安全治理，成为互联网行业以及社会普遍关注的议题。自2016年开始，由互联网企业阿里巴巴集团联合有关机构召开过多次会议。其中，2016年12月，新华社《瞭望》周刊与阿里巴巴集团在北京共同召开网络“新枫桥经验”高峰研讨会，首次提出网络“新枫桥经验”的概念，并提出“警企合作、群防群治、敢于创变”的网络治理新思路。“近年来，中央政法委聚焦网络管理与服务、发展与安全，相继邀请马云、周鸿祎讲解‘科技创新在未来社会治理中的作用’‘新时期全球网络安全形势及应对’，全国超过150万政法干警通过视频形式观看讲座。中共中央和中央政法委领导反复强调，要善用法治思维和法治方式治理互联网空间，深入推动互联网治理与法治协调发展，从而实现依法治网、依法办网、依法上网，营造良好的网络环境。”①

党的十九大报告明确指出，“要加强互联网内容建设，建立网络综合治理体系，营造清朗的网络空间”。2018年提出的“网上枫桥经验”，将网络空间融入基层社会治理的概念范畴，

---

① 褚宸舸、史凯强：《“网上枫桥经验”浙江实践及其创新》，《浙江工业大学学报（社会科学版）》2019年第2期。

再结合我国基层社会治理经验“枫桥经验”的治理内涵，充分展现出我国基层社会治理经验“枫桥经验”与互联网时代网络空间治理相互创新融合的时代意涵。“网上枫桥经验”是“依网治网”的经验塑造。“依网治网”是依托互联网技术手段、依托大数据信息资源、依托网络化的多元主体模式，为网络空间中的权益纠纷提供多元主体的解纷协作模式，通过高效便捷的联通模式及操作方式，实现“线上纠纷线上治理”，避免网络纠纷流入线下社会，从而有效形成网络空间自治的数字化治理体系。

“枫桥经验”塑造了“小事不出村，大事不出镇，矛盾不上交”的经典基层治理经验，ODR 基于涉网纠纷的发展规律，有针对性地创设了多种类型化的治理模型，以多角度实现“网上纠纷化解在早、化解在小”以及“网上纠纷网上化解”的“网上枫桥经验”。我国 ODR 已初步形成从“以网络舆情监测政务 ODR 实现源头纠纷预防”到“以司法系统外部民间 ODR 实现非诉机制挺前”再到“以司法系统内部司法 ODR 实现法院裁判终局”的倒三角漏斗式 ODR 治理构架。该模型充分涵盖了“枫桥经验”中的“四前”工作法和“四先四早”工作机制，通过提前预防纠纷产生、逐级筛减矛盾纠纷，以及逐级化解权利冲突的实践逻辑，有效展现出 ODR 在网络空间中的诉前分流机制和诉源治理机制；最终，无法通过诉前程序化解的涉网纠纷将诉诸司法 ODR，以实现“线上纠纷线上解决”的互联网治理闭环，避免线上纠纷流入线下环境，增加传统线下非诉和诉讼的案件压力。通过 ODR 化解权利冲突、实现定分止争，不仅外在具有现代化的治理体系构架和信息化的高效解纷能力，而且内在蕴藏着我国传统“枫桥经验”式的诉源治理内涵，充分实现“枫桥经验”“小事不出村，大事不出镇，矛盾不上交”这一基层社会治理经验的网络化发展，更为我国网络空间治理体系的创新发展增添了中华文化内涵与原创理论贡献。

第二节　线上纠纷解决机制的治理意涵

一、打造“共建共治共享”的网络空间治理格局

单纯依靠政府一元主导的治理方式来规制我国9亿网民的互联网行为，不免会引发“政府失灵”或政府效能低下的境况发生。因此，有必要加快建成集政府、市场、社会、网民等多元协作的“共同体”治理模式，[①] 以整体提升我国网络空间治理的规模和质效。“共同体”治理模式旨在全面发挥多元主体对互联网内容的共同建设，鼓励互联网参与者对互联网秩序和环境的群策群力与共同治理，培养全体网民对互联网公共利益、公共价值和公共精神的共同享有，进而实现并打造“共建共治共享”的网络空间治理格局。“共建共治共享”也是“枫桥经验”通过最大限度整合社会资源、发挥组织作用、引

---

① 陈晓春、肖雪：《共建共治共享：中国城乡社区治理的理论逻辑与创新路径》，《湖湘论坛》2018年第6期。

导公众参与而实现基层社会治理的现代化创新工作格局。[①] 通过检视我国 ODR 的发展脉络不难发现，ODR 渐已涵盖了由政府部门、审判机关、仲裁协会、调解机构、民营企业、电商平台、律师和网民等多元主体共建而成的网络空间共治体系，不仅有效发挥了多元化纠纷解决机制在网络空间中的解纷质效，还让互联网参与者有机会共享到 ODR 在共治中的技术成果、参与成果和维权成果。由此可见，我国 ODR 的高速发展不仅体现了我国互联网信息技术在各行业领域的尖端发展与灵活运用，而且实现了互联网环境对参与主体的民生法治与权益保护，还进一步彰显了我国网络空间治理中“政社合作”的协作共赢与兼容并蓄，为打造共建共治共享的网络空间治理格局奠定了坚实基础。

二、推进自治、法治、德治、智治“四治融合”建设

自治、法治、德治“三治融合”是“枫桥经验”实现社会和谐稳定的内在基本要义，[②] 是历经时间检验与实践检验的科学善治模式，更是网络空间“基层社会”需要效仿的成功治理样板。“三治融合”始终坚持“以人民为中心”的发展思路，通过尊重民意、依靠民力、维护民权的核心内涵，不断加

---

① 中国法学会“枫桥经验”理论总结和经验提升课题组：《“枫桥经验”的理论构建》，法律出版社 2018 年版，第 47 页。

② 中国法学会“枫桥经验”理论总结和经验提升课题组：《“枫桥经验”的理论构建》，法律出版社 2018 年版，第 28 页。

强人民群众在化解矛盾纠纷时的融入感和正义感，进而提升人民对美好生活向往的获得感和幸福感。[①] 基层社会治理中的“三治”是人民群众实现公平参与的民主之治，是依法依规实现良法善治的规则之治，是公序良俗实现德润人心的良德之治。通过“三治”的良性互动与质效叠加，使其成为化解人民矛盾纠纷、促进基层和谐发展、引领社会文明风尚的典范之治。然而，随着网络空间中的权利冲突问题不断涌现，线上空间迫切需要 ODR 建成能够破解“治理赤字”的有效治理模式。“三治”为 ODR 提供了一套最直接有效的善治经验，再融汇互联网应用技术的“智慧治理”与“智能治理”科技模式，健全完善了 ODR 在网络空间治理中的运行机制与解纷机制，加快推进自治、法治、德治、智治成为互联网时代化解线上线下矛盾纠纷的治理新模式，进而实现“以自治为核心、法治为保障、德治为基础、[②] 智治为支撑”的“四治融合”体系，为基层社会治理和网络空间治理的现代化发展注入数字内涵、科技支撑与智慧效能。

三、培养人民群众化解矛盾纠纷的新思维范式

从农业经济的无讼思想和乡贤礼治到市场经济的审判思维

---

① 张文显、徐勇、何显明等：《推进自治法治德治融合建设，创新基层社会治理》，《治理研究》2018 年第 6 期。

② 邓大才：《走向善治之路：自治、法治与德治的选择与组合——以乡村治理体系为研究对象》，《社会科学研究》2018 年第 4 期。

和司法权威，是社会与经济的协调发展不断影响着人民维护个人权益的思维方式和正义路径发生转换。进入高速发展的互联网经济时代，互联网、物联网、人工智能、大数据等信息技术为定分止争提供了强劲有力的技术支持，[①] 更为纠纷当事人提供了“数字维权”的科技新路。ODR 的出现让化解权利冲突成为一种简单易行的互联网行为，当事人仅需一部手机或者一台电脑就能轻松通过 ODR 实现定分止争，让网民真切体验到互联网时代独有的数字正义路径。ODR 的广泛应用不仅突破了传统线下解纷模式的物理空间局限，避免了异地诉讼与跨域立案的管辖权异议，还间接实现了全球法律精英人才的资源整合共享，有效提升了 ODR 实现公平正义与定分止争的公信力与影响力。ODR 的创新实践为我国互联网用户开拓了信息化、数字化与现代化治理技术下的思维范式维度，让人民群众可以真正依托互联网信息技术体验到线上全流程、全系统、全方位的公力救济与私力救济模式。由此可见，ODR 不仅为线下社会的矛盾纠纷提供了一条通往“数字正义”的线上解纷路径，还为线上空间的涉网纠纷量身打造了一套具有源头治理能效的线上治理体系，更为我国网民养成“以网治网”的线上维权习惯、实现线上解纷思想和智慧治理模式的潜移默化，进而有序推动 ODR 成为互联网时代化解矛盾纠纷的维权新逻辑和思维新范式。

---

① 呼连焦、刘彤：《大数据视域下社会治理：机遇、挑战与创新》，《湖湘论坛》2018 年第 4 期。

第五章

我国线上纠纷解决机制的发展局限与完善进路

第一节 我国线上纠纷解决机制的发展局限

一、人民群众对线上纠纷解决机制的认知水平欠缺

（一）人民群众缺乏对ODR的认知

人民群众缺乏对ODR的认知意味着我国ODR的适用与发展将缺乏原动力。从心理学的角度出发，“认知是包括大脑在内的身体活动的认知，身体的活动方式、身体的感觉和运动体验决定了我们怎样认识和看待世界，我们的认知是被身体及其活动方式塑造出来的，它不是一个运行在‘身体硬件’之上并可以指挥身体的‘心理程序软件’。”① 同理，百姓之所以缺乏对ODR的认知，是因为在其本体之外缺乏具有体验感的外界刺激，否则无法自行提升对外界新事物的认知水平。即使我

① 叶浩生：《具身认知：认知心理学的新取向》，《心理科学进展》2010年第5期。

国ODR已经实现了在诉讼与非诉领域的广泛铺开适用，但是对于绝大多数的人来说，ODR代表的是什么、ODR能为我们做些什么、ODR从哪里可以获取到以及如何操作使用ODR程序都尚处在不理解、不清楚、不关心的认知范畴。甚至纠纷当事人都不清楚自己面临矛盾纠纷时，还有ODR这种解纷模式可供选择。这也说明百姓对ODR的认知水平较低与我国对ODR宣传推广较少有直接关系，这就相当于缺少身体体验难以形成理性的思维，缺少感知运动的内化难以提升思维和认知。①

中国在线争议解决中心（www.odr.com.cn，现已无法登录）是我国最早一批注册的ODR解纷平台，曾经由于缺乏宣传力度导致ODR平台的使用率过低，从而面临无人问津的窘境，最后不得不注销。这样鲜活的现实案例表明，即使ChinaODR抓住了ODR刚刚进入中国的互联网红利初创期，但由于缺乏品牌推广与宣传的力度和渠道，缺少互联网用户对其ODR产品的体验适用和用户反馈，从而失去了与网俱进的绝对发展优势和线上解纷价值。由此可见，我国ODR已经从模式上实现了世界领先，但对于国内的宣传力度还尚且较弱，为了更好地全面发挥ODR的网络空间治理价值，要加快我国ODR的宣传推广模式，让更多的百姓可以适用体验ODR的解纷流程，并对用户反馈进行及时的技术完善，逐步打造更加贴合用户使用习惯的操作模式。在技术精进和扩大宣传的基础

① 叶浩生：《具身认知：认知心理学的新取向》，《心理科学进展》2010年第5期。

上，进一步提升百姓对 ODR 的适用范畴和认知水平，以更流畅、更高效、更满意的 ODR 用户口碑，间接推进我国 ODR 向域外国家输送更多成功的“中国经验”，达到以外界刺激的方式促进域外用户的“身体感知运动”，从而提升域外潜在用户群体的思维认知水平，扩大中国 ODR 的影响力并掌握话语权。

（二）网民用户缺乏对 ODR 的信任

网民缺乏对 ODR 的信任主要包括对互联网信息真伪的不信任以及对 ODR 程序公正的不信任。虚拟的网络空间在实现全球化信息资源共享的同时，也充斥着大量难辨真伪的虚假信息，致使互联网用户对无形的互联网环境难以放下心中的戒备，以致对便捷高效的 ODR 产生质疑。社会学家安东尼·吉登斯以人个体的视角认为基于人对其自身本体性安全的考量，需要存在一种“基本信任”来克服其内心的焦虑感。[①] 卢曼从社会关系的角度提出“在任何情况下，信任都是一种社会关系，社会关系本身从属于特殊的规则系统。信任在互动框架中产生，互动既受心理影响，也受社会系统影响”。[②] 据数据统计，截至 2020 年 12 月，我国有 38.3% 的网民在半年内遭遇过个人信息泄露、网络诈骗、设备中病毒或木马、账号密码被盗等网络安全问题，其中，竟有近半数（47.9%）网友都遭遇过虚

① 胡百精、李由君：《互联网与信任重构》，《当代传播》2015 年第 4 期。

② ［德］尼古拉斯·卢曼：《社会的构成》，李康、李猛译，生活·读书·新知三联书店 1998 年版，第 124 页。

拟中奖信息诈骗。[①] 由此可见，互联网信任危机的怪圈正在从个体焦虑和社会影响双重维度考验着广大网络用户对互联网内容建设的基本信任。

对于 ODR 来说，如果纠纷当事人缺乏对 ODR 平台的信任基础，将直接成为制约 ODR 发展的重要因素。以电子商务纠纷为例，绝大部分提起解纷申请的原告都是广大消费者，如果消费者对 ODR 平台的信任度呈下滑趋势，这将导致纠纷用户不愿意选择高效快捷的 ODR 作为化解矛盾纠纷的首选方式，导致 ODR 解纷平台的使用率降低，从而失去其便利优势，已经消失的 ODR 解纷平台佐证了这一观点。公众对 ODR 程序的不信任，还取决于 ODR 在运行过程中个人信息等数据的安全性和保密性不够高，公众对 ODR 这种新型的纠纷解决机制的程序公正问题也存在质疑。在使用 ODR 程序的过程中，通过移动终端设备即可轻易地截取上传到 ODR 平台内的信息和内容，从而直接泄露纠纷当事人的个人隐私或纠纷内容；而且，当事人仅通过电子化的简介和虚拟化的资质证明来了解第三方解纷机构，在很大程度上失去了与作为中立第三方的调解员或仲裁员面对面沟通的真实反馈，也难免对其专业资质和评判经验产生质疑。同理，如果以纠纷当事人相信 ODR 的隐私保护和程序公正为前提基础，但由于民间 ODR 更多是基于纠纷当事人之间的合意性而达成协议，其解纷结果的执行力度不一定具有强制性和终局

---

① 《第 47 次〈中国互联网络发展状况统计报告〉》，中国网信网，http://www.cac.gov.cn/2021－02/03/c_1613923423079314.htm，访问日期：2021 年 6 月 8 日。

性。如此解纷成效或将进一步成为制约用户对 ODR 建立信任感、认同感和安全感的关键因素，致使 ODR 在我国的口碑信任、适用范畴以及未来发展等问题充满荆棘与坎坷。

（三）舆情监测部门缺乏对 ODR 的重视

网络舆情监测是政务 ODR 实现从源头预防矛盾纠纷产生、抵御舆论爆发的首要防线。舆情监测部门对互联网环境中社情民意的重视程度和敏感程度，将直接反映其是否具备及时发现问题、回应问题以及解决问题的舆情危机意识和舆情控制能力。当前的互联网环境下，依旧存在因网民在互联网中反映的现实问题得不到重视、得不到解决，慢慢从小拖到大、从个人的问题变成了社会群体的舆论事件的情况；还有因为舆情部门对 ODR 缺乏正确认识，错误使用了 ODR 的治理方式，从而导致舆论导向趋于恶化发展的不争事实。网络舆情的回应方式和回应能力在一定程度上也反映出政府对于公众诉求的倾向性态度。[①] 因此，能否提升政府单位对社情民意的服务态度和能力水平，或将取决于舆情部门能否进一步改善对网络舆情监测 ODR 的重视程度、认知水平以及运用能力，以更专业、更高效、更满意的政务服务为百姓打造更加清朗的网络空间。

二、民间的线上纠纷解决机制执行力不足

民间 ODR 所涵盖的在线协商、在线调解和在线仲裁三种

---

① 刘泾：《新媒体时代政府网络舆情治理模式创新研究》，《情报科学》2018 年第 12 期。

非诉解纷方式的执行力不具有强制性。民间 ODR 化解矛盾纠纷的弱对抗性能够为当事人提供更加高效便捷的柔性解纷服务，但其最终的解纷结果能否完全执行成功，将主要取决于当事人是否具有契约精神，以及能否按照协议自觉履行。通过民间 ODR 达成的解纷协议仅具有合同效力，被申请人一旦反悔或拒不执行，另一方申请人为解决纠纷投入的前期个人成本均会付诸东流。矛盾纠纷未能顺利在诉前实现定分止争，势必增加当事人的解纷困扰、时间精力及额外成本支出等，抑或由非诉解纷移步至具有强制执行力的诉讼环节，进一步造成当事人诉累及法院案件量增加的消极境况发生。由此可见，民间 ODR 执行力不足的局限性正在直接或间接影响其宣传普及的适用广度和定分止争的质效深度。为了能够更好地提升我国民间 ODR 的解纷质效，更高效地实现民间 ODR 的诉源治理，更有力地彰显民间 ODR 的科技赋能，进一步加快推动并持续优化我国民间 ODR 的制度建设、操作流程、执行模式以及监督体系等规范化、制度化、法治化进程，或将成为提升我国民间 ODR 定分止争执行力、数字治理影响力、国际口碑竞争力的必备核心要素。

三、我国线上纠纷解决机制的执业规范制度缺位

ODR 人才队伍的执业能力和解纷水平直接影响 ODR 的解纷质效和发展前景。尽管 ODR 在逐步拓展其应用范围和适用范畴，不断健全完善从纠纷预防到非诉化解再到司法审判的全

流程、全系统、全方位的ODR治理体系，但大多数ODR组织机构尚未对ODR人才队伍建设提出精细化入职要求和标准化执业规范，以致正在运营ODR、操作ODR、介入ODR和执行ODR的部分工作人员和平台客服并非完全具有专业教育背景或技术培训经历。然而，ODR的每一步操作和每一次评判都将决定当事人权益能否得到专业与公正的正义维护。如果不能加快完善ODR工作人员的入职标准和执业规范，或许ODR这条通向“数字正义”的全新路径终将充满质疑和坎坷。

第二节　我国线上纠纷解决机制的完善进路

一、加强线上纠纷解决机制的普及应用

（一）加大ODR的宣传推广工作

充分发挥新媒体传播优势，加强我国ODR的推广力度与适用广度。ODR正随着互联网应用技术的蓬勃发展而不断创新完善，高效便捷的定分止争优势不断促使其成为游刃于线上网络空间和线下现实生活双重维度的现代化治理模型和治理体系，亦有学者称之为“网上枫桥经验”。[①] 虽然ODR在我国已经默默地发展近20年，但由于曾经的互联网技术和功能的局限性，导致ODR的适用场景和范围相对狭窄，很少有人知道

---

① 褚宸舸、史凯强：《“网上枫桥经验”浙江实践及其创新》，《浙江工业大学学报（社会科学版）》2019年第2期。

ODR、使用 ODR，更不用提会信任 ODR 的解纷质效。然而，自 2015 年我国进入“互联网 +”时代后，“大众创业，万众创新”的经济发展模式成为驱动 ODR 提质增效升级的“新引擎”。“互联网 + 司法”的创新模式一举突破了 ODR 的传统非诉概念，激发了 ODR 在司法系统内部的工具性价值，确定了其正当性地位，更为推进我国治理体系和治理能力现代化注入了新鲜血液。因此，ODR 是时候需要借助新媒体的传播力和引导力，[①] 让更多的百姓通过多渠道的互联网媒介了解到什么是 ODR，以及 ODR 是如何维护个人权益的；要加强引导群众关注日常生活中常见的 ODR 使用模式，为群众及时讲述遇到矛盾纠纷时应将 ODR 作为首选解纷途径，以及 ODR 将如何帮助大家高效便捷地化解纠纷。只有不断扩大 ODR 的宣传渠道和营养“干货”，ODR 才有机会博得网络空间的关注度和影响力，纠纷当事人才有机会愿意去初步了解并尝试使用 ODR 作为化解矛盾纠纷的新路径；也只有通过多渠道推广 ODR 的成功案例和解纷质效，才有机会从网络用户中实现从量变到质变的网络信任[②]反弹，从而为 ODR 建立定分止争的新口碑，使其成为互联网时代的解纷新模式、维权新路径、正义新符号。

（二）搭建全国 ODR 的实名门户网站

我国当前的 ODR 发展格局属于各法院、各机构、各平台

---

① 《坚持正确方向创新方法手段　提高新闻舆论传播力引导力》，载《人民日报》2016 年 2 月 20 日，第 1 版。

② 王玮、陈蕊：《互联网情境下的信任研究评介及展望》，《外国经济与管理》2013 年第 10 期。

独自设立运行、架构互不相通，非常不利于我国 ODR 的体系化建成和制度化建设。为了更好整合我国 ODR 当前的平台资源成果，应当尽早设立包含全国范围内的 ODR 门户网站，并基于司法 ODR 与民间 ODR 的分类项进行一级区分。司法 ODR 中可以融合当前我国范围内开设的电子法院和互联网法院，便于当事人便捷地进入具有管辖权的法院链接寻求司法正义。同理，民间 ODR 同样需要各民间机构或解纷平台主动向 ODR 主网提请入网，通过全国系统化的统一平台搭建，不仅有利于 ODR 的整体建设和有序管理，还能间接搭建出全国范围内的 ODR 体系联盟。在搭建 ODR 体系联盟的基础上，稳步提升联盟对各 ODR 平台的运营保障和解纷质效，并持续发挥认证、监督及管理的职能作用。为顺利通过 ODR 体系联盟认证的机构及组织及时颁发资质证明及联盟认证徽章，从而整体提升各 ODR 平台的可信度和权威性，让有解纷需求的纠纷当事人可以更安心、更放心地将 ODR 作为其维权路径。同时，司法 ODR 和民间 ODR 也要尽可能地打通全国 ODR 平台的信息数据与联通系统，由国家网信办重点负责系统的授权和准入，让当事人通过实名认证以后，仅需要注册一个账号就可以在全国范围内实现通用，这样不仅避免了用户频繁注册账号的繁杂操作，还能有效避免当事人个人信息泄露和盗取等问题。各大 ODR 门户网站要以用户为中心的优化理念开展系统更新进程，主动向网信办披露各自的网站信息和操作流程，通过整体融合司法与非司法 ODR 的系统建设，打造世界领先的 ODR 网站体系架构和通用互联系统，为 ODR 的体系化与制度化建设搭建起全方位的技术指引。

（三）建立与国际资源共享的 ODR 平台

ODR 是全球化发展的新型产物，ODR 不仅要在国家内部实现系统化的建设和发展，还要积极融入全球国际化的 ODR 发展趋势。基于全国 ODR 门户网站的建立，再开通网站内部的国际 ODR 跳转板块。一方面是为了“引进来”，当涉外纠纷需要关联到域外国家的情况时，能够为我国公民提供官方指导的正当可行的路线指引，为跨国交易的权利救济提供坚实的内容保障；另一方面更是为了“走出去”，当域外的纠纷当事人需要在中国寻求 ODR 的救济时，我国也会及时为域外当事人提供各纠纷领域的权威人力资源和技术资源，要让中国 ODR 走出国门服务于世界人民，将“中国经验”绽放于世界舞台，让“中国 ODR”成为世界 ODR 的战略指引。

二、提升线上纠纷解决机制的解纷质效

（一）探索民间 ODR 与司法 ODR 的衔接机制

虽然民间 ODR 可以充分发挥其独特的解纷优势，并在短时间内高效化解庞大数量的涉网纠纷，但其依旧在实践中存在局限性。目前，民间 ODR 仅能高效化解情节简单的互联网小额交易纠纷，当纠纷涉及金额过大、情节过于复杂或者难以化解时，民间 ODR 应主动探索与更具权威性的司法 ODR 建立职责衔接机制。具体可表现为：第一，民间 ODR 应当加强借鉴司法 ODR 用于民商事纠纷的调解机制，紧密加强民间 ODR 与

司法 ODR 的联结纽带，推进 ODR 在我国多元化纠纷解决机制中的体系化发展，同步实现民间 ODR 对司法 ODR 的诉前分流功能。第二，民间 ODR 可以引导纠纷当事人向互联网法院提起维权诉讼的公力救济。毕竟化解纠纷是 ODR 的设计初衷，但不可避免会有其难以解决的纠纷情况发生。为了更好地维护消费者的个人权益，民间 ODR 有义务向用户推荐更具权威性的审判机关作为其维护个人权益的司法途径，从而真正树立以用户为中心的 ODR 服务理念。第三，民间 ODR 应当充分发挥互联网大数据的“云存储”“区块链”等现代化技术手段，让所有上传到互联网中的文字、图片、语音、视频等信息数据得到长久的保存，同时避免数据被用户单方面地篡改或删除，从而实现真正意义上的“数字正义”。基于此，当纠纷用户需要解纷平台为其提供具有合法性的有效证据时，民间 ODR 平台能够及时为用户或法院调取并提供涉及用户纠纷的有效电子证据，助力完善用户维权的信息化功能建设。

（二）强化舆情监测 ODR 的回应能力

重点强化前端治理优位，提升舆情监测 ODR 的回应速度与水平。网络舆情监测 ODR 的运行机制是基于网络爬虫（Web Crawler）技术与算法（Algorithm）技术的深度融合。通过预先输入搜索指令，网络爬虫开始对万维网进行数据检索与网页爬取，直至获得与搜索指令相关的信息数据。科学技术是第一生产力，网络舆情监测系统从根本上突破了人类收集信息的传统方式并提高了执行效率，为预防网络舆论事件的发生建立了初级“防火墙”。然而，能否最大限度地实现控制舆论导向，事在人为。因此，舆情部门的工作人员对于网络舆情的回应能力是决定舆论导向的核心因素。为了充分发挥舆情监测ODR对于矛盾纠纷的前端预防作用，要重点培养舆情工作人员“早发现、早化解”的舆情责任和回应意识，努力让网络空间中出现的突发事件、传言谣言、社情民意等舆情信息及时得到发现与锁定、及时通过官方渠道和权威方式进行积极回应，例如，通过新闻发布会或官方公众号进行及时解答和权威回应，避免由线下的个人小问题久拖不治发展成为网络上的社会舆论事件。然而，仅有回应速度，却使用错误的回应方式，同样会弱化前端治理优位的发展进程。面对网络舆情的突然发生，要重点培养舆情部门采用积极回应社情民意的反馈机制及工作方式，以实现网络舆论的预防及疏解，而非采用消极删除言论或屏蔽网民发声的工作方式，致使社会舆情的形成与恶化。因此，积极主动地回应不一定能够立刻控制舆情，但至少可以掌握控制舆论导向的主动权；反之，消极地“删帖”不一定能完全控制原生舆论的消除，但或将重新制造出新的次生舆情，引发舆情恶化，产生新的网络舆论场。

（三）完善ODR的人才队伍建设

全面发挥人才优势，推进我国ODR人才队伍的专业化建设。传统的ODR概念受限于非诉的解纷范畴，曾经可以通过吸纳人大代表、政协委员、人民陪审员、专家学者、律师、仲裁员、退休法律工作者等符合条件的自然人担任特邀调解员协助完成调解工作，从而大大提升解纷质效和公信力建设。然而，新时代的ODR概念已广泛运用到“数字政府”“智慧法院”“电商平台”“网络论坛”以及“第三方解纷机构”等数字化场域中，场域的扩容与模式的发展迫切需要优化我国ODR的人才队伍结构，及时扩充补足相关法律、科技、专业技术、管理及行政等人才储备。为了进一步发挥ODR在推进国家治理体系和治理能力现代化中的探索与示范作用，加快完善ODR人才队伍结构、建立ODR引才标准和执业守则、构建ODR专业服务体系和制度建设，必将成为建设专业化、职业化、精英化ODR人才队伍的基础标准和前提保障。同理，专业化的人才队伍需要以“高素质、高水平、高效率”作为阶段考核的评价标准，更需要建立工作激励机制，从而间接培养人才队伍对互联网新型权利冲突的持续敏感程度和专业处理水平，以全面打造具备“法律思维”“法治思维”“法理思维”的专业化人才智库为终极目标，时刻做好为国家输送优秀法律人才的工作准备。

三、完善线上纠纷解决机制的制度建设

（一）赋予ODR在立法层面的正当地位

ODR是基于互联网环境迅猛发展而自发形成的一种具有针对性、高效性、虚拟性的解纷机制，是网民在互联网环境中得到权利救济的一种有效途径。ODR的程序设计和运行逻辑充分体现了平台自治的技术优势和源头治理的解纷共识，但依旧缺少国家立法层面的宏观制度认可和顶层设计建设。如今，互联网商事交易行为已经成为广大人民群众生活中不可分割的

一部分，为了更好地避免“迟来的正义”，即网民合法权益被侵害时得不到及时、正当、权威、快捷的权利救济和权利保护，我国应当及时填补 ODR 的立法空白，让 ODR 被赋予更加完备的法律规范和更加专业的技术支持，从而健全完善我国互联网空间的现代化治理模式和法治化治理水平。因此，建议制定具有权威性、体系性、统一性的“中华人民共和国多元化纠纷解决机制法”，加快促进我国多元化纠纷解决机制的完善和实施，为优先选择线上纠纷解决机制作为维权途径的公民提供强有力的权威支撑和法律保障。倘若制定一部新法的周期相对较长，也可率先补充现存的法律法规内容，以实现我国法律的完整性。例如，通过修改决定的形式，及时对我国《中华人民共和国仲裁法》和《中华人民共和国人民调解法》补充有关线上纠纷解决机制（ODR）的申请程序和执行规定，对《中华人民共和国网络安全法》《中华人民共和国消费者权益保护法》《中华人民共和国电子商务法》补充有关 ODR 的网络运行安全和纠纷解决办法等规范性法律条文，使 ODR 真正成为我国网民青睐的、具有合法性意义的正义解纷途径。

（二）健全网民的个人数据保护制度

信息化与现代化技术为 ODR 的创新发展提供了充沛的技术支持和运营保障，让广大用户亲身感受到 ODR 独特的解纷优势的同时，又探索发现了一条通往“接近正义”的线上之路。然而，为了实现线上之路的公平与正义，每个解纷用户必须优先遵守“告知同意原则”，即平台会对用户的信息采集和数据分析情况进行前提告知，并需要充分获得用户的同意后才可以继续提供平台服务。在当前的互联网环境中，“告知同意原则”也被视为一种“霸王条款”式的存在，倘若用户不同意履行平台《用户协议》内容，即不可正常使用其功能及服务。由此可见，为了更快地通向“数字正义”和更好地发挥ODR的治理成效，每个用户都需要将自己的个人数据和互联网行为全面地呈现给ODR平台作为化解矛盾纠纷的必要条件和前提代价。正是基于用户对平台的信任与委托，ODR平台更应当加强对用户数据的安全采集流程和安全加密存储，更要严格设定程序运行方和技术提供方对用户数据的使用权限划分，实现内部管控与外部防御相结合，全面保障用户数据的隐私保护工作，让每位用户都能对ODR平台所提供的解纷服务产生强烈的安全感与信任感。因此，建议加快建设网民数据在ODR平台中的双重授权机制，即平台无权单方面地查询或调取独立用户的个人隐私数据，只有同步获得用户的个人授权后才能显示用户在平台内部的信息与数据。同理，ODR平台也可对平台数据进行查看权限的分级，例如，完全公开的数据、对平台用户公开的数据（用户获取数据时也需要实现用户与平台的双重授权机制，用户既能获取其需要的信息数据，平台也可标记该用户的请求行为并实现留痕存储备用）、完全隐私的数据等。双重授权机制能够确保平台为用户数据提供更加严格的隐私保护，有效缓解用户对ODR平台窃取及滥用用户数据的担心与忧虑，有效提高ODR在化解用户纠纷时的隐私性和保密性，进而有效顺应更多真切关注隐私保护的解纷需求，使双重授权机制真正成为ODR在实现“数字正义”道路上的又一助推器。

（三）完善民间 ODR 的司法确认制度

从现实层面出发，民间 ODR 能够有效化解大部分网民的权益纠纷，避免了繁杂的涉网纠纷大量流入司法程序，直接影响司法审判的执行力及公信力建设；但从法律层面考虑，即使民间 ODR 能够解决数以百万计的涉网纠纷，可是其最终结果暂且不具有法律效力，存在解决不彻底的现实问题，也会使小部分纠纷当事人因此而拒绝执行或违反解纷协议要求，进而无视民间 ODR 的实践成果、妨害民间 ODR 的体系建设。因此，我国应当及时补充民间 ODR 的司法确认制度，赋予民间 ODR 法律认同，做到从纠纷源头真正地化解纠纷，减少纠纷再次回流到司法诉讼的情况发生。民间 ODR 司法确认制度的设立既是对当事人权利救济的最直接保障，也是对民间 ODR 解纷规模和执行效力的价值认可，更是对诉讼与非诉讼纠纷解决机制之间共建闭环管理的制度创新。因此，我国应当加快建设从互联网用户到民间 ODR 平台、从民间 ODR 平台到基层法院、从基层法院再到互联网用户的司法确认闭环模式。通过促进司法确认制度在互联网技术下的信息化建设和现代化发展，逐步实现民间 ODR 平台对用户解纷后的司法确认普及工作，让用户知晓司法确认制度对其个人权益的法律保护；逐步建成互联网用户对基层法院寻求司法确认的裁定途径，让基层法院结合互联网技术开拓线上与线下并行的司法确认模式；逐步形成基层法院对民间 ODR 平台开展司法确认制度的前期指导联动工作，让民间 ODR 平台明确并完善其化解矛盾纠纷的专业化服务流程和规范化制度建设，进一步凸显民间 ODR 在我国治理体系和治理能力现代化中的先进性和优越性。

（四）建立民间 ODR 的职业规范制度

民间 ODR 在化解纠纷时既要充分发挥技术上的优势，更要严格管理解纷人员的职业道德规范标准。解纷人员的专业基础、技能培训以及化解纠纷的能力体现，都将直接影响民间 ODR 在当事人心中的印象和地位，或间接影响 ODR 在我国多元化纠纷解决机制中的发展潜力和趋势。严格管理解纷人员的职业行为规范只是完善民间 ODR 专业化发展进程的基础工作，只有将优质的解纷服务与专业的技术流程相结合，才能从整体上提升当事人对民间 ODR 的信赖程度，逐步实现民间 ODR 在我国互联网治理模式下的体系化建设。因此，民间 ODR 只有不断地提高与当事人做直接沟通的解纷人员的入职标准、专业能力和职业素养，才能为互联网用户提供更加优质、高效、满意的解纷服务，也让纠纷当事人真正感受到民间 ODR 的公平与正义。对于解纷人员选拔之前的标准，ODR 平台应在考察其教育背景和工作经历作为评判个人素养和能力水平的同时，把其是否具有公平正义的法律思维、法律意识、法律涵养作为更高的基准水平，让每位解纷人员真正展现出技术应用层面所不能及的个人内在优势，打造互联网环境中具有“高素质高标准高效率”特点的民间 ODR 队伍建设。对于解纷人员选拔之后的标准，ODR 平台应同期制定考核机制与激励机制。考核机制与激励机制的制定，既是为了加强每位解纷人员合理应对因社会发展和科技进步而产生的新型矛盾纠纷的认知能力、适应能力和化解能力的全面审视，更是为了持续保障解纷人员在应对新型矛盾纠纷时的敏感性、积极性和正当性，真正体现人才队伍在化解矛盾纠纷时的专业性、公正性和责任性。

（五）建立民间 ODR 的监督机制

要针对民间 ODR 机构平台建立权威官方的 ODR 监管中心。监管中心可以由国家网信办成立或委托建立，要独立于第三方协调机构，确保能够充分监督民间 ODR 的整个程序公正问题，避免在第三方的解纷应用中出现技术漏洞导致解纷结果的偏倚。监管中心的设立不仅能够为民间 ODR 设置多维度的运行保障机制，还能为有解纷需求的用户提供更加权威的认可和更加可信的途径。设立监管中心的首要目的是对 ODR 平台的运行模式和公平机制作出权威监督和严格管理，通过综合分析各 ODR 平台机构的程序构架和用户的反馈情况，综合考量 ODR 平台的实际解纷质效。[①] 同时，ODR 平台要向用户群体主动地披露其解纷程序的技术架构和操作流程等执行规则，要让平台用户清晰地了解并知悉如何操作使用 ODR、上传到 ODR 平台的信息将如何上链保存、ODR 如何实现高效便捷解纷流程的判定依据等，从而让用户真正体验到阳光透明式的公平正义解纷服务。监督机制的设立，将会逐步增加互联网用户对民间 ODR 操作程序和解纷结果的信任度。同理，随着第三方监管部门及 ODR 监督机制的正式设立，民间 ODR 的解纷程

---

① 李元华：《“互联网＋纠纷解决”与“一带一路”》，《河南工业大学学报（社会科学版）》2018 年第 2 期。

序、技术赋能和裁判结果都将有序趋于系统化、成熟化和规范化发展，为其解纷结果的司法确认制度提供了更加科学合理、规范有序、权责一致的运行保障机制，更为进一步完善具有“线上纠纷线上解决”和“以网治网”解纷逻辑的网络空间治理体系和互联网治理闭环提供了坚实的经验基础和权威的制度保障。

结　论

审视我国 ODR 的发展路径，ODR 不仅突破了最初线上化 ADR 的概念局限，而且建成了形式多元、高效便捷的民间 ODR 组合模式，还开创了世界首个全业务、全流程、全方位的智能化司法 ODR“互联网法院”，同步推进了 ODR 在政务服务中的信息化建设，实现了网上信访、舆情监测等新型政务 ODR 模式，推动我国 ODR 在网络空间中真正实现了集私力救济、社会救济、公力救济的三元式发展格局，有序形成了“政务 ODR 预防为先、民间 ODR 优位挺前、司法 ODR 裁判终局”的互联网治理体系。

我国智慧法院的有序建设，为我国互联网经济的高速发展提供了坚实可靠的司法权威保障，推进了我国网民在互联网环境中的诚信体系建设，更为“接近数字正义”搭建了一条全新的线上路径。然而，仅凭司法系统内部的 ODR 来全面解决我国飞速增长的涉网纠纷是完全不够的。在积极开拓司法 ODR 创新实践的同时，更要鼓励民间 ODR 和政务 ODR 的协同发展，共同以完善和推进我国 ODR 治理体系和治理能力现代化为核心目标，协力创制具有“中国智慧”的现代化治理模式。民间 ODR 的创新与实践，既传承了我国传统的无讼、和谐、礼治等文化内涵，又融汇了互联网思维的求真、开放、协作等科技精神，真正顺应了时代发展的迫切需要，开拓了具有网络空间自治水平的现代化非诉治理模式，规避了公权力因司法资源紧缺而影响其公信力与执行力建设的现实难题。闲鱼小法庭，作为我国民间 ODR 中具有鲜明“互联网民主”解纷特色的陪审团式 ODR，以其无偿性、高效性、自治性等解纷优势，精准地展现了具有“多方参与”“公正民主”“高效透明”“平台自治”的理想型治理模式。闲鱼小法庭的陪审团式 ODR 仅代表我国民间 ODR 中的一类解纷模型，其余类型的民间 ODR 还蕴含着丰厚的解纷价值和经验内涵，也可为同步助力我国网络空间治理体系建设提供经验借鉴。政务 ODR 以服务人民为核心准则，通过开通数字政府的信息化建设，为百姓提供清朗的网络空间环境和“一站式”的数字政务服务。政务 ODR 拉近了人民与政府的空间距离，让社情民意可以通过线上的方式直达政府部门，让民生服务可以通过线上的方式便利百姓，真正实现了“以人民为中心”的发展思路，为百姓搭建更加便民利民惠民的数字政务服务体系，为群众发声提供全新的数字路径。

通过宏观的多元分析视角可以见得，在政治导向的因素上，国家出台的产业发展政策为我国 ODR 的发展指明前路，数字政府建设中的数字化治理发展推动了我国 ODR 的创新实践；在经济驱动的因素上，数字经济模式的创新发展同步需要数字化的维权模式助力同行，ODR 通过压缩维权成本为百姓提供了更加便民利民惠民的解纷服务；在社会需求的因素上，ODR 不仅可以有效化解网络空间中的矛盾纠纷，还能为线下矛盾纠纷提供便捷的解纷途径，实现分流诉讼压力的辅助作用。同时，加大我国 ODR 建设还可以为社会提供部分就业机会，从而缓解我国当前社会发展中所面临的就业压力难题；在技术支持的因素上，借助大数据分析技术剖析我国 ODR 的适用规模和路径趋势，借助区块链存证技术辅助 ODR 甄别电子数据证据去伪存真，从而有针对性地优化和补强 ODR 的技术短板和存证体系；在环境保护的因素上，绿色发展理念贯穿我国 ODR 运行机理，无纸化办公模式积极响应“两山理论”，成本低、周期短、质效强的 ODR 民生福祉为国家节能降碳减排作出了巨大贡献；在法律规制的因素上，随着推进全面依法治国的法治化建设，我国 ODR 同步实现更加科学的规范化与制度化建设，以我国 ODR 多维度的适用模式充分展现其源头治理的多层次治理意涵，进一步证成我国 ODR 在当前社会发展中发挥的积极作用和丰厚价值。

我国集“民间、司法、政务”三元式发展的 ODR 治理体系，真正实现了高效化解涉网纠纷的网络空间源头治理模式，成功呼应了“线上纠纷线上解决”的 ODR 治理愿景。在“政务 ODR 预防为先、民间 ODR 优位挺前、司法 ODR 裁判终局”的互联网治理体系建设下，稳步实现了“线上纠纷线上解决”“线上纠纷化解在早、化解在小、化解在网”“线上纠纷不下线（不落地）”的“网上枫桥经验”治理模型，有效避免了线上纠纷流入线下社会的解纷难题，间接缓解了线下司法机关“案多人少”和当事人“诉累”的司法困境，为加快实现“线上纠纷线上解决”的互联网源头治理愿景奠定了坚实基础。

我国 ODR 充分贯彻“以人民为中心”的服务理念，通过不断加强 ODR 的理论创新与实践导向，稳步打造共建共治共享的网络空间“三共”治理格局，逐步形成自治、法治、德治、智治“四治融合”式的互联网治理模式。甚至有望通过健全完善 ODR 的推广策略、内容架构和制度建设，逐步实现人民群众愿意优先选用 ODR 化解矛盾纠纷的互联网思维范式转换，从而有效促进 ODR 成为维护公平正义的第一道防线，使其成为通向“数字正义”的全新路径、成为助推国家治理体系和治理能力现代化发展的新鲜血液和新生力量，更为 ODR 的全球化发展提供可资借鉴的“中国方案”。